EinFach Deutsch

Joseph von Eichendorff

Das Marmorbild

Erarbeitet von
Sonja Thielecke

Herausgegeben vo
Johannes Diekhans

Bildnachweis

|akg-images GmbH, Berlin: 53, 63, 64, 65; Pirozzi 75. |alamy images, Abingdon/Oxfordshire: Art Collection 3 51; Quagga Media 53.

westermann GRUPPE

© 2009 Bildungshaus Schulbuchverlage
Westermann Schroedel Diesterweg Schöningh Winklers GmbH,
Georg-Westermann-Allee 66, 38104 Braunschweig
www.westermann.de

Das Werk und seine Teile sind urheberrechtlich geschützt. Jede Nutzung in anderen als den gesetzlich zugelassenen bzw. vertraglich zugestandenen Fällen bedarf der vorherigen schriftlichen Einwilligung des Verlages. Nähere Informationen zur vertraglich gestatteten Anzahl von Kopien finden Sie auf www.schulbuchkopie.de.

Für Verweise (Links) auf Internet-Adressen gilt folgender Haftungshinweis: Trotz sorgfältiger inhaltlicher Kontrolle wird die Haftung für die Inhalte der externen Seiten ausgeschlossen. Für den Inhalt dieser externen Seiten sind ausschließlich deren Betreiber verantwortlich. Sollten Sie daher auf kostenpflichtige, illegale oder anstößige Inhalte treffen, so bedauern wir dies ausdrücklich und bitten Sie, uns umgehend per E-Mail davon in Kenntnis zu setzen, damit beim Nachdruck der Verweis gelöscht wird.

Druck A[7] / Jahr 2021
Alle Drucke der Serie A sind im Unterricht parallel verwendbar.

Umschlaggestaltung: Jennifer Kirchhof
Druck und Bindung: Westermann Druck Zwickau GmbH,
Crimmitschauer Str. 43, 08058 Zwickau

ISBN 978-3-14-**022463**-5

Joseph von Eichendorff: Das Marmorbild

Text 5

Anhang 50

1. Kurzbiografie Joseph von Eichendorffs 50

2. Hintergrundinformationen zur Epoche der Romantik 54
   Die Epoche im Überblick 54
   Friedrich Schlegel: Romantische Universalpoesie ... 56
   Gedanken zur Poetik 57

3. Motive der Romantik in Gedichten und in der Bildenden Kunst 59
   Joseph von Eichendorff: Das zerbrochene Ringlein (1813) 59
   Joseph von Eichendorff: Sehnsucht (1834) 59
   Joseph von Eichendorff: Abschied (1815) 60
   Clemens Brentano: Sprich aus der Ferne (1800) 61
   Caspar David Friedrich: Mann und Frau den Mond betrachtend (um 1824) 63
   Caspar David Friedrich: Wanderer über dem Nebelmeer (um 1817) 64

4. Dokumente zur Entstehungsgeschichte 65

5. Materialien zur Deutung 68

Frauenbilder der Zeit – Das Venusmotiv 68

– Friedrich de la Motte-Fouqué: Undine (1811) 68

– Ludwig Tieck: Der getreue Eckhart und der
   Tannhäuser (1799) 69

– Ludwig Tieck: Der Runenberg (1812) 70

– E.T.A. Hoffmann: Der Sandmann (1817) 72

– Die Bianka-Venus-Parallele 74

Die „Blaue Blume" als Symbol der Sehnsucht 75

Die Bedeutung des Traumes für die Romantiker 77

Das Unbewusste – Bezüge zu Sigmund Freud 78

6. Informationen zur Textsorte 81

Novelle 81

Märchen 85

7. Zur Rezeption des „Marmorbildes" 87

8. Einen Text beschreiben und deuten 91

Es war ein schöner Sommerabend, als Florio, ein junger Edelmann, langsam auf die Tore von Lucca[1] zuritt, sich erfreuend an dem feinen Dufte, der über der wunderschönen Landschaft und den Türmen und Dächern der Stadt vor ihm zitterte, sowie an den bunten Zügen zierlicher[2] Damen und Herren, welche sich zu beiden Seiten der Straße unter den hohen Kastanienalleen fröhlich schwärmend ergingen.

Da gesellte sich, auf zierlichem Zelter[3] desselben Weges ziehend, ein anderer Reiter in bunter Tracht, eine goldene Kette um den Hals und ein samtenes Barett[4] mit Federn über den dunkelbraunen Locken, freundlich grüßend zu ihm. Beide hatten, so nebeneinander in den dunkelnden Abend hineinreitend, gar bald ein Gespräch angeknüpft, und dem jungen Florio dünkte die schlanke Gestalt des Fremden, sein frisches, keckes Wesen, ja selbst seine fröhliche Stimme so überaus anmutig, dass er gar nicht von demselben wegsehen konnte.

Welches Geschäft führt Euch nach Lucca?, fragte endlich der Fremde. Ich habe eigentlich gar keine Geschäfte, antwortete Florio ein wenig schüchtern. Gar keine Geschäfte? – Nun, so seid Ihr sicherlich ein Poet!, versetzte jener lustig lachend. Das wohl eben nicht, erwiderte Florio und wurde über und über rot. Ich habe mich wohl zuweilen in der fröhlichen Sangeskunst versucht, aber wenn ich dann wieder die alten großen Meister[5] las, wie da alles wirklich da ist und leibt und lebt, was ich mir manchmal heimlich nur wünschte und ahnete, da komm ich mir vor wie ein schwaches, vom Winde verwehtes Lerchenstimmlein unter dem unermesslichen Himmelsdom. – Jeder lobt Gott

---

[1] Lucca ist eine italienische Stadt in der Toskana, nordlich von Pisa gelegen. Sie liegt unweit der Steinbrüche von Carrara, wo der berühmte weiße Marmor abgebaut wird, den bereits Michelangelo für seine Werke benutzte.
[2] feierlich, vornehm, schön anzusehen
[3] Pferd mit ruhiger, wiegender Gangart, Reisepferd
[4] Mütze, die bevorzugt von Künstlern im frühen 19. Jh. getragen wurde
[5] Gemeint sind die Minnesänger, insbesondere Walther von der Vogelweide.

auf seine Weise, sagte der Fremde, und alle Stimmen zusammen machen den Frühling. Dabei ruhten seine großen, geistreichen Augen mit sichtbarem Wohlgefallen auf dem schönen Jünglinge, der so unschuldig in die dämmernde Welt vor sich hinaussah.

Ich habe jetzt, fuhr dieser nun kühner und vertraulicher fort, das Reisen erwählt, und befinde mich wie aus einem Gefängnis erlöst, alle alten Wünsche und Freuden sind nun auf einmal in Freiheit gesetzt. Auf dem Lande in der Stille aufgewachsen, wie lange habe ich da die fernen blauen Berge[1] sehnsüchtig betrachtet, wenn der Frühling wie ein zauberischer Spielmann durch unsern Garten ging und von der wunderschönen Ferne verlockend sang und von großer, unermesslicher Lust. – Der Fremde war über die letzten Worte in tiefe Gedanken versunken. Habt Ihr wohl jemals, sagte er zerstreut, aber sehr ernsthaft, von dem wunderbaren Spielmann[2] gehört, der durch seine Töne die Jugend in einen Zauberberg hineinverlockt, aus dem keiner wieder zurückgekehrt ist? Hütet Euch! –

Florio wusste nicht, was er aus diesen Worten des Fremden machen sollte, konnte ihn auch weiter darum nicht befragen; denn sie waren soeben, statt zu dem Tore, unvermerkt dem Zuge der Spaziergänger folgend, an einen weiten grünen Platz gekommen, auf dem sich ein fröhlich schallendes Reich von Musik, bunten Zelten, Reitern und Spazierengehenden in den letzten Abendgluten schimmernd hin und her bewegte.

Hier ist gut wohnen, sagte der Fremde lustig, sich vom Zelter schwingend; auf baldiges Wiedersehen! Und hiermit war er schnell in dem Gewühle verschwunden.

Florio stand in freudigem Erstaunen einen Augenblick

---

[1] Im 19. Jh. gab es im heutigen Sinne noch keine Gipfelstürmer. Die Berge wurden mit Ehrfurcht betrachtet und als unerreichbar angesehen.

[2] Hier findet sich eine Anspielung auf den sagenumwobenen mittelalterlichen Minnesänger „Tannhäuser" (um 1228–65). Indem er eine Pilgerfahrt zum Papst unternimmt, will er die Verbindung zwischen Venus, der heidnischen Göttin der Liebe, und sich auflösen, da er ihrer überdrüssig geworden ist. Das Vorhaben misslingt und er muss in den Venusberg zurückkehren.

still vor der unerwarteten Aussicht. Dann folgte auch er
dem Beispiele seines Begleiters, übergab das Pferd seinem
Diener und mischte sich in den munteren Schwarm.
Versteckte Musikchöre erschallten da von allen Seiten aus
den blühenden Gebüschen, unter den hohen Bäumen
wandelten sittige[1] Frauen auf und nieder und ließen die
schönen Augen musternd ergehen über die glänzende
Wiese, lachend und plaudernd und mit den bunten Federn nickend im lauen Abendgolde wie ein Blumenbeet,
das sich im Winde wiegt. Weiterhin auf einem heiter grünen Plan[2] vergnügten sich mehrere Mädchen mit Ballspielen. Die bunt gefiederten Bälle flatterten wie Schmetterlinge, glänzende Bogen hin und her beschreibend, durch
die blaue Luft, während die unten im Grünen auf und
niederschwebenden Mädchenbilder den lieblichsten Anblick gewährten. Besonders zog die eine durch ihre zierliche, fast noch kindliche Gestalt und die Anmut aller ihrer
Bewegungen Florios Augen auf sich. Sie hatte einen
vollen, bunten Blumenkranz in den Haaren und war recht
wie ein fröhliches Bild des Frühlings anzuschauen, wie sie
so überaus frisch bald über den Rasen dahinflog, bald sich
neigte, bald wieder mit ihren anmutigen Gliedern in die
heitere Luft hinauflangte. – Durch ein Versehen ihrer Gegnerin nahm ihr Federball eine falsche Richtung und flatterte gerade vor Florio nieder. Er hob ihn auf und überreichte ihn der nacheilenden Bekränzten. Sie stand fast
wie erschrocken vor ihm und sah ihn schweigend aus den
schönen großen Augen an. Dann verneigte sie sich errötend und eilte schnell wieder zu ihren Gespielinnen zurück.
Der größere funkelnde Strom von Wagen und Reitern, der
sich in der Hauptallee langsam und prächtig fortbewegte,
wendete indes auch Florio von jenem reizenden Spiele
wieder ab, und er schweifte wohl eine Stunde lang allein
zwischen den ewig wechselnden Bildern umher.
Da ist der Sänger *Fortunato!*, hörte er da auf einmal mehrere Frauen und Ritter neben sich ausrufen. Er sah sich

---

[1] tugendhaft, sittsam
[2] unbepflanzte, große Rasenfläche (ebene Wiese)

schnell nach dem Platze um, wohin sie wiesen, und erblickte zu seinem großen Erstaunen den anmutigen Fremden, der ihn vorhin hieher begleitet. Abseits auf der Wiese an einen Baum gelehnt, stand er soeben inmitten eines zierlichen Kranzes von Frauen und Rittern, welche seinem Gesange zuhörten, der zuweilen von einigen Stimmen aus dem Kreise holdselig erwidert wurde. Unter ihnen bemerkte Florio auch die schöne Ballspielerin wieder, die in stiller Freudigkeit mit weiten offenen Augen in die Klänge vor sich hinaussah.

Ordentlich erschrocken gedachte da Florio, wie er vorhin mit dem berühmten Sänger, den er lange dem Rufe nach verehrte, so vertraulich geplaudert, und blieb scheu in einiger Entfernung stehen, um den lieblichen Wettstreit mit zu vernehmen. Er hätte die ganze Nacht hindurch dort gestanden, so ermutigend flogen diese Töne an, und er ärgerte sich recht, als Fortunato nun so bald endigte, und die ganze Gesellschaft sich von dem Rasen erhob.

Da gewahrte der Sänger den Jüngling in der Ferne und kam sogleich auf ihn zu. Freundlich fasste er ihn bei beiden Händen und führte den Blöden[1], ungeachtet aller Gegenreden, wie einen lieblichen Gefangenen nach dem nahe gelegenen offenen Zelte, wo sich die Gesellschaft nun versammelte und ein fröhliches Nachtmahl bereitet hatte. Alle begrüßten ihn wie alte Bekannte, manche schöne Augen ruhten in freudigem Erstaunen auf der jungen, blühenden Gestalt.

Nach mancherlei lustigem Gespräche lagerten sich bald alle um den runden Tisch, der in der Mitte des Zeltes stand. Erquickliche Früchte und Wein in hell geschliffenen Gläsern funkelten von dem blendend weißen Gedecke, in silbernen Gefäßen dufteten große Blumensträuße, zwischen denen die hübschen Mädchengesichter anmutig hervorsahen; draußen spielten die letzten Abendlichter golden auf dem Rasen und dem Flusse, der spiegelglatt vor dem Zelte dahinglitt. Florio hatte sich fast[2] unwillkürlich zu der niedlichen Ballspielerin gesellt. Sie erkannte ihn sogleich wieder und saß still und schüchtern da, aber

---

[1] Zaghaften, Schüchternen
[2] unwillkürlich, ganz, sehr

die langen furchtsamen Augenwimpern hüteten nur schlecht die dunkel glühenden Blicke.
Es war ausgemacht worden, dass jeder in die Runde seinem Liebchen mit einem kleinen improvisierten Liedchen zutrinken solle. Der leichte Gesang, der nur gaukelnd wie ein Frühlingswind die Oberfläche des Lebens berührte, ohne es in sich selbst zu versenken, bewegte fröhlich den Kranz heiterer Bilder um die Tafel. Florio war recht innerlichst vergnügt, alle blöde Bangigkeit[1] war von seiner Seele genommen, und er sah fast träumerisch still vor fröhlichen Gedanken zwischen den Lichtern und Blumen in die wunderschöne, langsam in die Abendgluten versinkende Landschaft vor sich hinaus. Und als nun auch an ihn die Reihe kam, seinen Trinkspruch zu sagen, hob er sein Glas in die Höh' und sang:

> Jeder nennet froh die Seine,
> Ich nur stehe hier alleine,
> Denn was früge wohl die Eine,
> Wen der Fremdling eben meine?
> Und so muss ich wie im Strome dort die Welle,
> Ungehört verrauschen an des Frühlings Schwelle.

Seine schöne Nachbarin sah bei diesen Worten beinah schelmisch an ihm herauf und senkte schnell wieder das Köpfchen, da sie seinem Blicke begegnete. Aber er hatte so herzlich bewegt gesungen und neigte sich nun mit den schönen, bittenden Augen so dringend herüber, dass sie es willig geschehen ließ, als er sie schnell auf die roten, heißen Lippen küsste. – Bravo, bravo!, riefen mehrere Herren, ein mutwilliges, aber argloses Lachen erschallte um den Tisch. – Florio stürzte hastig und verwirrt sein Glas hinunter, die schöne Geküsste schaute hochrot in den Schoss und sah so unter dem vollen Blumenkranze unbeschreiblich reizend aus.
So hatte ein jeder der Glücklichen sein Liebchen in dem Kreise sich heiter erkoren. Nur Fortunato allein gehörte allen, oder keiner an und erschien fast einsam in dieser

---

[1] Schüchternheit, Niedergeschlagenheit, zurückhaltende Art

anmutigen Verwirrung. Er war ausgelassen lustig und mancher hätte ihn wohl übermütig genannt, wie er so wild wechselnd in Witz, Ernst und Scherz sich ganz und gar losließ, hätte er dabei nicht wieder mit so fromm klaren Augen beinahe wunderbar dreingeschaut. Florio hatte sich fest vorgenommen, ihm über Tische einmal so recht seine Liebe und Ehrfurcht, die er längst für ihn hegte, zu sagen. Aber es wollte heute nicht gelingen, alle leisen Versuche glitten an der spröden Lustigkeit[1] des Sängers ab. Er konnte ihn gar nicht begreifen.
Draußen war indes die Gegend schon stiller geworden und feierlich, einzelne Sterne traten zwischen den Wipfeln der dunkelnden Bäume hervor, der Fluss rauschte stärker durch die erquickende Kühle. Da war auch zuletzt an Fortunato die Reihe zu singen gekommen. Er sprang rasch auf, griff in seine Gitarre und sang:

> Was klingt mir so heiter
> Durch Busen und Sinn?
> Zu Wolken und weiter
> Wo trägt es mich hin?
>
> Wie auf Bergen hoch bin ich
> So einsam gestellt
> Und grüße herzinnig,
> Was schön auf der Welt.
>
> Ja, Bacchus[2], Dich seh' ich.
> Wie göttlich bist Du!
> Dein Glühen versteh' ich,
> Die träumende Ruh.
>
> O rosenbekränztes
> Jünglingsbild[3],
> Dein Auge, wie glänzt es,
> Die Flammen so mild!

---

[1] nicht leicht zugänglicher Humor
[2] römischer Wein- und Fruchtbarkeitsgott
[3] Bacchus wird hier als schöner Jüngling dargestellt.

Ist's Liebe, ist's Andacht,
Was so Dich beglückt?
Rings Frühling Dich anlacht,
Du sinnest entzückt. –

Frau Venus[1], du Frohe,
So klingend und weich,
In Morgenrots Lohe[2]
Erblick ich Dein Reich.

Auf sonnigen Hügeln
Wie ein Zauberring. –
Zart' Bübchen mit Flügeln[3]
Bedienen Dich flink,

Durchsäuseln die Räume
Und laden, was fein,
Als goldene Träume
Zur Königin ein.

Und Ritter und Frauen
Im grünen Revier
Durchschwärmen die Auen
Wie Blumen zur Zier.

Und jeglicher hegt sich
Sein Liebchen im Arm,
So wirrt und bewegt sich
Der selige Schwarm.

---

[1] Ursprünglich eine Fruchtbarkeitsgöttin des Frühlings und der Gärten, später wurde sie in der röm. Antike in Anlehnung an die griechische Göttin Aphrodite zur Liebesgöttin. „Frau Venus" verführt zu Liebesrausch und -wahnsinn.

[2] in der aufgehenden Sonne

[3] Amor (griech. Eros): Der Gott der Liebe wird in der römischen Kunst als geflügelter Knabe mit Pfeil und Bogen dargestellt.

12

Hier änderte er plötzlich Weise und Ton und fuhr fort:

Die Klänge verrinnen,
Es bleichet das Grün,
Die Frauen stehn sinnend,
Die Ritter schaun kühn.

Und himmlisches Sehnen
Geht singend durch's Blau,
Da schimmert von Tränen
Rings Garten und Au. –

Und mitten im Feste
Erblick' ich, wie mild!
Den Stillsten der Gäste[1].
Woher, einsam Bild?

Mit blühendem Mohne[2],
Der träumerisch glänzt,
Und Lilienkronen
Erscheint er bekränzt.

Sein Mund schwillt zum Küssen
So lieblich und bleich,
Als brächt' er ein Grüßen
Aus himmlischem Reich.

Eine Fackel wohl trägt er,
Die wunderbar prangt.
„Wo ist einer, frägt er,
Dem heimwärts verlangt?"

Und manchmal da drehet
Die Fackel er um –
Tiefschauernd vergehet
Die Welt und wird stumm.

---

[1] Hier ist der griechische Todesgott Thanatos gemeint.
[2] Mohn verweist als Schlafmittel ebenfalls in den Bereich des Todes, da der Schlaf in der Antike als Zwillingsbruder des Todes gilt.

Und was hier versunken
Als Blumen zum Spiel,
Siehst oben Du funkeln
Als Sterne nun kühl. –

O Jüngling vom Himmel,
Wie bist du so schön!
Ich lass das Gewimmel,
Mit dir will ich gehn!

Was will ich noch hoffen?
Hinauf, ach hinauf!
Der Himmel ist offen,
Nimm, Vater, mich auf!

Fortunato war still und alle die Übrigen auch, denn wirklich draußen waren nun die Klänge verronnen und die Musik, das Gewimmel und alle die gaukelnde Zauberei nach und nach verhallend untergegangen vor dem unermesslichen Sternenhimmel und dem gewaltigen Nachtgesange der Ströme und Wälder. Da trat ein hoher schlanker Ritter in reichem Geschmeide, das grünlichgoldene Scheine zwischen die im Winde flackernden Lichter warf, in das Zelt herein. Sein Blick aus tiefen Augenhöhlen war irre flammend, das Gesicht schön, aber blass und wüst. Alle dachten bei seinem plötzlichen Erscheinen unwillkürlich schaudernd an den stillen Gast in Fortunatos Liede. – Er aber begab sich nach einer flüchtigen Verbeugung gegen die Gesellschaft zu dem Büfett des Zeltwirtes und schlürfte hastig dunkelroten Wein mit den bleichen Lippen in langen Zügen hinunter.
Florio fuhr ordentlich zusammen, als der Seltsame sich darauf vor allen andern zu ihm wandte und ihn als einen früheren Bekannten in Lucca willkommen hieß. Erstaunt und nachsinnend betrachtete er ihn von oben bis unten, denn er wusste sich durchaus nicht zu erinnern, ihn jemals gesehen zu haben. Doch war der Ritter ausnehmend beredt und sprach viel über mancherlei Begebenheiten aus Florios früheren Tagen. Auch war er so genau bekannt mit der Gegend seiner Heimat, dem Garten und jedem hei-

mischen Platz, der Florio herzlich lieb war aus alter Zeit, dass sich derselbe bald mit der dunkeln Gestalt auszusöhnen anfing.

In die übrige Gesellschaft indes schien Donati, so nannte sich der Ritter, nirgends hineinzupassen. Eine ängstliche Störung, deren Grund sich niemand anzugeben wusste, wurde überall sichtbar. Und da unterdes auch die Nacht nun völlig hereingekommen war, so brachen bald alle auf.

Es begann nun ein wunderliches Gewimmel von Wagen, Pferden, Dienern und hohen Windlichtern, die seltsame Scheine auf das nahe Wasser, zwischen die Bäume und die schönen wirrenden Gestalten umherwarfen. Donati erschien in der wilden Beleuchtung noch viel bleicher und schauerlicher, als vorher. Das schöne Fräulein mit dem Blumenkranze hatte ihn beständig mit heimlicher Furcht von der Seite angesehen. Nun, da er gar auf sie zukam, um ihr mit ritterlicher Artigkeit auf den Zelter zu helfen, drängte sie sich scheu an den zurückstehenden Florio, der die Liebliche mit klopfendem Herzen in den Sattel hob. Alles war unterdes reisefertig, sie nickte ihm noch einmal von ihrem zierlichen Sitze freundlich zu, und bald war die ganze schimmernde Erscheinung in der Nacht verschwunden.

Es war Florio recht sonderbar zumute, als er sich plötzlich so allein mit Donati und dem Sänger auf dem weiten, leeren Platze befand. Seine Gitarre im Arme, ging der Letztere am Ufer des Flusses vor dem Zelte auf und nieder und schien auf neue Weisen zu sinnen, während er einzelne Töne griff, die beschwichtigend über die stille Wiese dahinzogen. Dann brach er plötzlich ab. Ein seltsamer Missmut schien über seine sonst immer klaren Züge zu fliegen, er verlangte ungeduldig fort.

Alle drei bestiegen daher nun auch ihre Pferde und zogen miteinander der nahen Stadt zu. Fortunato sprach kein Wort unterweges, desto freundlicher ergoss sich Donati in wohlgesetzten zierlichen Reden; Florio, noch im Nachklange der Lust, ritt still wie ein träumendes Mädchen zwischen beiden.

Als sie ans Tor kamen, stellte sich Donatis Ross, das schon vorher vor manchem Vorübergehenden gescheuet, plötz-

lich fast gerade in die Höh und wollte nicht hinein. Ein funkelnder Zornesblitz fuhr, fast verzerrend, über das Gesicht des Reiters und ein wilder, nur halb ausgesprochener Fluch aus den zuckenden Lippen, worüber Florio nicht wenig erstaunte, da ihm solches Wesen zu der sonstigen feinen und besonnenen Anständigkeit des Ritters ganz und gar nicht zu passen schien. Doch fasste sich dieser bald wieder. Ich wollte Euch bis in die Herberge begleiten, sagte er lächelnd und mit der gewohnten Zierlichkeit zu Florio gewendet, aber mein Pferd will es anders, wie Ihr seht. Ich bewohne hier vor der Stadt ein Landhaus, wo ich Euch recht bald bei mir zu sehen hoffe. – Und hiermit verneigte er sich, und das Pferd, in unbegreiflicher Hast und Angst kaum mehr zu halten, flog pfeilschnell mit ihm in die Dunkelheit fort, dass der Wind hinter ihm dreinpfiff.
Gott sei Dank, rief Fortunato aus, dass ihn die Nacht wieder verschlungen hat! Kam er mir doch wahrhaftig vor, wie einer von den falben[1] ungestalten Nachtschmetterlingen, die, wie aus einem fantastischen Traume entflogen, durch die Dämmerung schwirren und mit ihrem langen Katzenbarte und grässlich großen Augen ordentlich ein Gesicht haben wollen. Florio, der sich mit Donati schon ziemlich befreundet hatte, äußerte seine Verwunderung über dieses harte Urteil. Aber der Sänger, durch solche erstaunliche Sanftmut nur immer mehr gereizt, schimpfte lustig fort und nannte den Ritter zu Florios heimlichem Ärger einen Mondscheinjäger, einen Schmachthahn, einen Renommisten in der Melancholie[2].
Unter solcherlei Gesprächen waren sie endlich bei der Herberge angelangt und jeder begab sich bald in das ihm angewiesene Gemach.
Florio warf sich angekleidet auf das Ruhebett hin, aber er konnte lange nicht schlafen. In seiner von den Bildern des Tages aufgeregten Seele wogte und hallte und sang es

---

[1] vergilbt, fahles Gelb
[2] sehnsüchtiger, eitler Mann; ein Angeber („Renommist"), der andere durch die Ausprägung seiner schwermütigen Stimmung überbieten will

noch immer fort. Und wie die Türen im Hause nun immer seltner auf und zugingen, nur manchmal noch eine Stimme erschallte, bis endlich Haus, Stadt und Feld in tiefe Stille versank: da war es ihm, als führe er mit schwanen-
⁵ weißen Segeln einsam auf einem mondbeglänzten Meer. Leise schlugen die Wellen an das Schiff, Sirenen¹ tauchten aus dem Wasser, die alle aussahen wie das schöne Mädchen mit dem Blumenkranze vom vorigen Abend. Sie sang so wunderbar, traurig und ohne Ende, als müsse er
¹⁰ vor Wehmut untergehen. Das Schiff neigte sich unmerklich und sank langsam immer tiefer und tiefer – da wachte er erschrocken auf.
Er sprang von seinem Bett und öffnete das Fenster. Das Haus lag am Ausgange der Stadt, er übersah einen weiten
¹⁵ stillen Kreis von Hügeln, Gärten und Tälern, vom Monde klar beschienen. Auch da draußen war es überall in den Bäumen und Strömen noch wie im Verhallen und Nachhallen der vergangenen Lust, als sänge die ganze Gegend leise, gleich den Sirenen, die er im Schlummer gehört. Da
²⁰ konnte er der Versuchung nicht widerstehen. Er ergriff die Gitarre, die Fortunato bei ihm zurückgelassen, verließ das Zimmer und ging leise durch das ruhige Haus hinab. Die Tür unten war nur angelehnt, ein Diener lag eingeschlafen auf der Schwelle. So kam er unbemerkt ins Freie
²⁵ und wandelte fröhlich zwischen Weingärten durch leere Alleen an schlummernden Hütten vorüber immer weiter fort.
Zwischen den Rebengeländern hinaus sah er den Fluss im Tale; viele weißglänzende Schlösser hin und wieder zer-
³⁰ streut, ruhten wie eingeschlafene Schwäne unten in dem Meer von Stille. Da sang er mit fröhlicher Stimme:

    Wie kühl schweift's sich bei nächt'ger Stunde,
    Die Zitter² treulich in der Hand!
    Vom Hügel grüß' ich in die Runde
³⁵   Den Himmel und das stille Land.

---

[1] In Homers „Odyssee" locken die Sirenen als dämonische Wesen mit ihrem Gesang Schiffe an, die dann an den Felsen zerschellen.
[2] Zupfinstrument

Wie ist das alles so verwandelt,
Wo ich so fröhlich war, im Tal,
Im Wald wie still! Der Mond nur wandelt
Nun durch den hohen Buchensaal.

Der Winzer Jauchzen ist verklungen
Und all der bunte Lebenslauf,
Die Ströme nur, im Tal geschlungen,
Sie blicken manchmal silbern auf.

Und Nachtigallen wie aus Träumen
Erwachen oft mit süßem Schall,
Erinnernd rühren sich die Bäume,
Ein heimlich Flüstern überall. –

Die Freude kann nicht gleich verklingen,
Und von des Tages Glanz und Lust
Ist so auch mir ein heimlich Singen
Geblieben in der tiefsten Brust.

Und fröhlich greif' ich in die Saiten,
O Mädchen, jenseits über'm Fluss,
Du lauschest wohl und hörst's von Weitem
Und kennst den Sänger an dem Gruß!

Er musste über sich selber lachen, da er am Ende nicht wusste, wem er das Ständchen brachte. Denn die reizende Kleine mit dem Blumenkranze war es lange nicht mehr, die er eigentlich meinte. Die Musik bei den Zelten, der Traum auf seinem Zimmer, und sein, die Klänge und den Traum und die zierliche Erscheinung des Mädchens, nachträumendes Herz hatte ihr Bild unmerklich und wundersam verwandelt in ein viel schöneres, größeres und herrlicheres, wie er es noch nirgends gesehen. So in Gedanken schritt er noch lange fort, als er unerwartet bei einem großen, von hohen Bäumen rings umgebenen Weiher anlangte. Der Mond, der eben über die Wipfel trat, beleuchtete scharf ein marmornes Venusbild, das dort dicht am Ufer auf einem Steine stand, als wäre die Göttin soeben erst aus den Wellen aufgetaucht und betrachte nun, selber verzaubert, das Bild der eigenen Schönheit, das der trunkene Wasserspiegel zwischen den leise aus dem Grunde aufblühenden Sternen widerstrahlte. Einige Schwäne beschrieben still ihre einförmigen Kreise um das Bild, ein leises Rauschen ging durch die Bäume rings umher.

Florio stand wie eingewurzelt im Schauen, denn ihm kam jenes Bild wie eine lang gesuchte, nun plötzlich erkannte Geliebte vor, wie eine Wunderblume[1], aus der Frühlingsdämmerung und träumerischen Stille seiner frühesten Jugend heraufgewachsen. Je länger er hinsah, je mehr schien es ihm, als schlüge es die seelenvollen Augen langsam auf, als wollten sich die Lippen bewegen zum Gruße, als blühe Leben wie ein lieblicher Gesang erwärmend durch die schönen Glieder herauf. Er hielt die Augen lange geschlossen vor Blendung, Wehmut und Entzücken. – Als er wieder aufblickte, schien auf einmal alles wieder verwandelt. Der Mond sah seltsam zwischen Wolken hervor, ein stärkerer Wind kräuselte den Weiher in trübe Wellen, das Venusbild, so fürchterlich weiß und regungslos, sah ihn fast schreckhaft[2] mit den steinernen Augenhöhlen aus der grenzenlosen Stille an. Ein nie gefühltes Grausen überfiel da den Jüngling. Er verließ schnell den Ort, und immer schneller und ohne auszuruhen, eilte er durch die Gärten und Weinberge wieder fort der ruhigen Stadt zu; denn auch das Rauschen der Bäume kam ihm nun wie ein verständiges vernehmliches Geflüster vor, und die langen gespenstischen Pappeln schienen mit ihren weitgestreckten Schatten hinter ihm dreinzulangen.

So kam er sichtbar verstört in der Herberge an. Da lag der Schlafende noch auf der Schwelle und fuhr erschrocken auf, als Florio an ihm vorüberstreifte. Florio aber schlug schnell die Türe hinter sich zu und atmete erst tief auf, als er oben sein Zimmer betrat. – Hier ging er noch lange auf und nieder, ehe er sich beruhigte. Dann warf er sich aufs

---

[1] Anspielung auf Novalis' Roman „Heinrich von Ofterdingen" (1802), in dem „die blaue Blume" als Ziel der allumfassenden romantischen Sehnsucht gilt.
[2] furchtbar, schreckenerregend

Bett und schlummerte endlich unter den seltsamsten
Träumen ein.

Am folgenden Morgen saßen Florio und Fortunato unter
den hohen von der Morgensonne durchfunkelten Bäumen
vor der Herberge miteinander beim Frühstück. Florio sah
blässer als gewöhnlich, und angenehm überwacht[1] aus.
– Der Morgen, sagte Fortunato lustig, ist ein recht kerngesunder, wildschöner Gesell, wie er so von den höchsten
Bergen in die schlafende Welt hinunterjauchzt und von
den Blumen und Bäumen die Tränen schüttelt und wogt
und lärmt und singt. Der macht eben nicht sonderlich viel
aus den sanften Empfindungen, sondern greift kühl an
alle Glieder und lacht einem ins lange Gesicht, wenn man
so presshaft[2] und noch ganz wie in Mondschein getaucht,
vor ihn hinaustritt. – Florio schämte sich nun, dem Sänger,
wie er sich anfangs vorgenommen, etwas von dem schönen Venusbilde zu sagen, und schwieg betreten still. Sein
Spaziergang in der Nacht war aber von dem Diener an der
Haustür bemerkt und wahrscheinlich verraten worden,
und Fortunato fuhr lachend fort: Nun, wenn Ihr's nicht
glaubt, versucht es nur einmal, stellt Euch jetzt hierher
und sagt zum Exempel: „O schöne holde Seele, o Mondschein, du Blütenstaub zärtlicher Herzen u.s.w.", ob das
nicht recht zum Lachen wäre! Und doch, wette ich, habt
Ihr diese Nacht dergleichen oft gesagt und gewiss ordentlich ernsthaft dabei ausgesehen.
Florio hatte sich Fortunato ehedem immer so still und
sanftmütig vorgestellt, nun verwundete ihn recht innerlichst die kecke Lustigkeit des geliebten Sängers. Er sagte
hastig, und die Tränen traten ihm dabei in die seelenvollen
Augen: Ihr sprecht da sicherlich anders, als Euch selber
zumute ist, und das solltet Ihr nimmermehr tun. Aber ich
lasse mich von Euch nicht irremachen, es gibt noch sanfte
und hohe Empfindungen, die wohl schamhaft sind, aber

---

[1] übernächtigt
[2] gebrechlich

sich nicht zu schämen brauchen, und ein stilles Glück, das sich vor dem lauten Tage verschließt und nur dem Sternenhimmel den Heiligen Kelch öffnet wie eine Blume, in der ein Engel wohnt. Fortunato sah den Jüngling verwundert an, dann rief er aus: Nun wahrhaftig, Ihr seid recht ordentlich verliebt!

Man hatte unterdes Fortunato, der spazieren reiten wollte, sein Pferd vorgeführt. Freundlich streichelte er den gebogenen Hals des zierlich aufgeputzten Rössleins, das mit fröhlicher Ungeduld den Rasen stampfte. Dann wandte er sich noch einmal zu Florio und reichte ihm gutmütig lächelnd die Hand. Es tut mir doch leid, sagte er, es gibt gar zu viele sanfte, gute, besonders verliebte junge Leute, die ordentlich recht versessen sind aufs Unglücklichsein. Lasst das, die Melancholie, den Mondschein und alle den Plunder; und geht's auch manchmal wirklich schlimm, nur frisch heraus in Gottes freien Morgen und da draußen sich recht abgeschüttelt, im Gebet aus Herzensgrund – und es müsste wahrlich mit dem Bösen zugehen, wenn Ihr nicht so recht durch und durch fröhlich und stark werdet! – Und hiermit schwang er sich schnell auf sein Pferd und ritt zwischen den Weinbergen und blühenden Gärten in das farbige, schallende Land hinein, selber so bunt und freudig anzuschauen wie der Morgen vor ihm.

Florio sah ihm lange nach, bis die Glanzeswogen über dem fernen Reiter zusammenschlugen. Dann ging er hastig unter den Bäumen auf und nieder. Ein tiefes, unbestimmtes Verlangen war von den Erscheinungen der Nacht in seiner Seele zurückgeblieben. Dagegen hatte ihn Fortunato durch seine Reden seltsam verstört und verwirrt. Er wusste nun selbst nicht mehr, was er wollte, gleich einem Nachtwandler, der plötzlich bei seinem Namen gerufen wird. Sinnend blieb er oftmals vor der wunderreichen Aussicht in das Land hinab stehen, als wollte er das freudig kräftige Walten da draußen um Auskunft fragen. Aber der Morgen spielte nur einzelne Zauberlichter wie durch die Bäume über ihm in sein träumerisch funkelndes Herz hinein, das noch in anderer Macht stand. Denn drinnen zogen die Sterne noch immerfort ihre magischen Kreise, zwischen denen das wunderschöne Mar-

morbild mit neuer, unwiderstehlicher Gewalt heraufsah.
– So beschloss er denn endlich, den Weiher wieder aufzusuchen, und schlug rasch denselben Pfad ein, den er in der Nacht gewandelt.
Wie sah aber dort nun alles so anders aus! Fröhliche Menschen durchirrten geschäftig die Weinberge, Gärten und Alleen, Kinder spielten ruhig auf dem sonnigen Rasen vor den Hütten, die ihn in der Nacht unter den traumhaften Bäumen oft gleich eingeschlafenen Sphinxen[1] erschreckt hatten, der Mond stand fern und verblasst am klaren Himmel, unzählige Vögel sangen lustig im Walde durcheinander. Er konnte gar nicht begreifen, wie ihn damals hier so seltsame Furcht überfallen konnte.
Bald bemerkte er indes, dass er in Gedanken den rechten Weg verfehlt. Er betrachtete aufmerksam alle Plätze und ging zweifelhaft[2] bald zurück, bald wieder vorwärts; aber vergeblich; je emsiger er suchte, je unbekannter und ganz anders kam ihm alles vor.
Lange war er so umhergeirrt. Die Vögel schwiegen schon, der Kreis der Hügel wurde nach und nach immer stiller, die Strahlen der Mittagssonne schillerten sengend über der ganzen Gegend draußen, die wie unter einem Schleier von Schwüle zu schlummern und zu träumen schien. Da kam er unerwartet an ein Tor von Eisengittern, zwischen dessen zierlich vergoldeten Stäben hindurch man in einen weiten prächtigen Lustgarten hineinsehen konnte. Ein Strom von Kühle und Duft wehte den Ermüdeten

---

[1] Steinerne Figuren mit Löwenleib und Menschen- oder Widderkopf, die häufig in den Gärten des 17. und 18. Jahrhunderts zu finden waren. In der griechischen Mythologie galt die Sphinx vor Theben als dämonisches Wesen der Zerstörung und des Unheils. Sie gab den vorbeikommenden Reisenden ein Rätsel auf. Diejenigen, die das Rätsel der Sphinx nicht lösen konnten, wurden von ihr erwürgt und gefressen. Das Rätsel lautete: „Was geht am Morgen auf vier Füßen, am Mittag auf zweien und am Abend auf dreien?" Das Rätsel – die Antwort ist „der Mensch" – wurde von Ödipus gelöst. Als Kind krabbelt der Mensch auf allen vieren, als Erwachsener geht er auf zwei Beinen und im Alter braucht er einen Stock als drittes Bein.

[2] unschlüssig

erquickend daraus an. Das Tor war nicht verschlossen, er öffnete es leise und trat hinein.

Hohe Buchenhallen empfingen ihn da mit ihren feierlichen Schatten, zwischen denen goldene Vögel wie abgewehte Blüten hin und wieder flatterten, während große, seltsame Blumen, wie sie Florio niemals gesehen, traumhaft mit ihren gelben und roten Glocken in dem leisen Winde hin und her schwankten. Unzählige Springbrunnen plätscherten, mit vergoldeten Kugeln spielend, einförmig in der großen Einsamkeit. Zwischen den Bäumen hindurch sah man in der Ferne einen prächtigen Palast mit hohen schlanken Säulen hereinschimmern. Kein Mensch war ringsum zu sehen, tiefe Stille herrschte überall. Nur hin und wieder erwachte manchmal eine Nachtigall und sang wie im Schlummer fast schluchzend. Florio betrachtete verwundert Bäume, Brunnen und Blumen, denn es war ihm, als sei das alles lange versunken, und über ihm ginge der Strom der Tage mit leichten, klaren Wellen, und unten läge nur der Garten gebunden und verzaubert und träumte von dem vergangenen Leben.

Er war noch nicht weit vorgedrungen, als er Lautenklänge vernahm, bald stärker, bald wieder in dem Rauschen der Springbrunnen leise verhallend. Lauschend blieb er stehn, die Töne kamen immer näher und näher, da trat plötzlich in dem stillen Bogengange eine hohe schlanke Dame von wundersamer Schönheit zwischen den Bäumen hervor, langsam wandelnd und ohne aufzublicken. Sie trug eine prächtige mit goldenem Bildwerke gezierte Laute im Arm, auf der sie, wie in tiefe Gedanken versunken, einzelne Akkorde griff. Ihr langes goldenes Haar fiel in reichen Locken über die fast blassen, blendend weißen Achseln bis in den Rücken hinab, die langen weiten Ärmel, wie vom Blütenschnee gewoben, wurden von zierlichen goldnen Spangen gehalten, den schönen Leib umschloss ein himmelblaues Gewand, ringsum an den Enden mit bunt glühenden, wunderbar ineinander verschlungenen Blumen gestickt. Ein heller Sonnenblick durch eine Öffnung des Bogenganges schweifte soeben scharfbeleuchtend über die blühende Gestalt. Florio fuhr innerlichst zusammen – es waren unverkennbar die Züge, die Gestalt des schö-

nen Venusbildes, das er heute Nacht am Weiher gesehen.
– Sie aber sang, ohne den Fremden zu bemerken:

> Was weckst du, Frühling, mich von Neuem wieder?
> Dass all' die alten Wünsche auferstehen,
> Geht über's Land ein wunderbares Wehen.
> Das schauert mir so lieblich durch die Glieder.
> Die schöne Mutter grüßen tausend Lieder,
> Die, wieder jung, im Brautkranz süß zu sehen.
> Der Wald will sprechen, rauschend Ströme gehen,
> Najaden[1] tauchen singend auf und nieder.
> Die Rose seh' ich gehn aus grüner Klause
> Und, wie so buhlerisch die Lüfte fächeln,
> Errötend in die laue Luft sich dehnen.
> So mich auch ruft ihr aus dem stillen Hause –
> Und schmerzlich nun muss ich im Frühling lächeln,
> Versinkend zwischen Duft und Klang vor Sehnen.

So singend wandelte sie fort, bald in dem Grünen verschwindend, bald wieder erscheinend, immer ferner und ferner, bis sie sich endlich in der Gegend des Palastes ganz verlor. Nun war es auf einmal wieder stille, nur die Bäume und Wasserkünste rauschten wie vorher. Florio stand in blühende Träume versunken, es war ihm, als hätte er die schöne Lautenspielerin schon lange gekannt und nur in der Zerstreuung seines Lebens wieder vergessen und verloren, als ginge sie nun vor Wehmut zwischen dem Quellenrauschen unter und riefe ihn unaufhörlich, ihr zu folgen. – Tief bewegt eilte er weiter in den Garten hinein auf die Gegend zu, wo sie verschwunden war. Da kam er unter uralten Bäumen an ein verfallenes Mauerwerk, an dem noch hin und wieder schöne Bildereien halb kenntlich waren. Unter der Mauer auf zerschlagenen Marmorsteinen und Säulenknäufen, zwischen denen hohes Gras und Blumen üppig hervorschossen, lag ein schlafender Mann ausgestreckt. Erstaunt erkannte Florio den Ritter Donati. Aber seine Mienen schienen im Schlafe sonderbar

---

[1] Quell- und Wassernymphen aus der griech. Mythologie, die als Fruchtbarkeit spendend galten

verändert, er sah fast wie ein Toter aus. Ein heimlicher
Schauer überlief Florio bei diesem Anblick. Er rüttelte den
Schlafenden heftig. Donati schlug langsam die Augen
auf, und sein erster Blick war so fremd, stier und wild,
dass sich Florio ordentlich vor ihm entsetzte. Dabei
murmelte er noch zwischen Schlaf und Wachen einige
dunkele Worte, die Florio nicht verstand. Als er sich endlich völlig ermuntert hatte, sprang er rasch auf und sah
Florio, wie es schien, mit großem Erstaunen an. Wo bin
ich?, rief dieser hastig, wer ist die edle Herrin, die in diesem schönen Garten wohnt? – Wie seid Ihr, fragte dagegen Donati sehr ernst, in diesen Garten gekommen? Florio erzählte kurz den Hergang, worüber der Ritter in ein
tiefes Nachdenken versank. Der Jüngling wiederholte
darauf dringend seine vorigen Fragen, und Donati sagte
zerstreut: Die Dame ist eine Verwandte von mir, reich und
gewaltig, ihr Besitztum ist weit im Lande verbreitet – Ihr
findet sie bald da, bald dort – auch in der Stadt Lucca ist
sie zuweilen. – Florio fielen diese flüchtig hingeworfenen
Worte seltsam aufs Herz, denn es wurde ihm nun immer
deutlicher, was ihm vorher nur vorübergehend angeflogen, nämlich, dass er die Dame schon einmal in früherer
Jugend irgendwo gesehen, doch konnte er sich durchaus
nicht klar besinnen.

Sie waren unterdes rasch fortgehend unvermerkt an das
vergoldete Gittertor des Gartens gekommen. Es war nicht
dasselbe, durch welches Florio vorhin eingetreten. Verwundert sah er sich in der unbekannten Gegend um, weit
über die Felder lagen die Türme der Stadt im heitern Sonnenglanze. Am Gitter stand Donatis Pferd angebunden
und scharrte schnaubend den Boden.

Schüchtern äußerte nun Florio den Wunsch, die schöne
Herrin des Gartens künftig einmal wiederzusehen. Donati, der bis dahin noch immer in sich versunken war, schien
sich erst hier plötzlich zu besinnen. Die Dame, sagte er mit
der gewohnten umsichtigen Höflichkeit, wird sich freuen,
Euch kennenzulernen. Heute jedoch würden wir sie stören, und auch mich rufen dringende Geschäfte nach Hause. Vielleicht kann ich Euch morgen abholen. – Und hierauf nahm er in wohlgesetzten Reden Abschied von dem

Jüngling, bestieg sein Ross und war bald zwischen den Hügeln verschwunden.

Florio sah ihm lange nach, dann eilte er wie ein Trunkener der Stadt zu. Dort hielt die Schwüle noch alle lebendigen Wesen in den Häusern, hinter den dunkelkühlen Jalousien. Alle Gassen und Plätze waren leer, Fortunato auch noch nicht zurückgekehrt. Dem Glücklichen wurde es hier zu enge, in trauriger Einsamkeit. Er bestieg schnell sein Pferd und ritt noch einmal ins Freie hinaus.

Morgen, morgen!, schallte es in einem fort durch seine Seele. Ihm war so unbeschreiblich wohl. Das schöne Marmorbild war ja lebend geworden und von seinem Steine in den Frühling hinuntergestiegen, der stille Weiher plötzlich verwandelt zur unermesslichen Landschaft, die Sterne darin zu Blumen und der ganze Frühling ein Bild der Schönen. – Und so durchschweifte er lange die schönen Täler um Lucca, den prächtigen Landhäusern, Kaskaden und Grotten wechselnd vorüber, bis die Wellen des Abendrots über dem Fröhlichen zusammenschlugen.

Die Sterne standen schon klar am Himmel, als er langsam durch die stillen Gassen nach seiner Herberge zog. Auf einem der einsamen Plätze stand ein großes schönes Haus vom Monde hell erleuchtet. Ein Fenster war oben geöffnet, an dem er zwischen künstlich gezogenen Blumen hindurch zwei weibliche Gestalten bemerkte, die in ein lebhaftes Gespräch vertieft schienen. Mit Verwunderung hörte er mehrere Mal deutlich seinen Namen nennen. Auch glaubte er in den einzelnen abgerissnen Worten, die die Luft herüberwehte, die Stimme der wunderbaren Sängerin wiederzuerkennen. Doch konnte er vor den im Mondesglanze zitternden Blättern und Blüten nichts genau unterscheiden. Er hielt an, um mehr zu vernehmen. Da bemerkten ihn die beiden Damen, und es wurde auf einmal still droben.

Unbefriedigt ritt Florio weiter, aber wie er soeben um die Straßenecke bog, sah er, dass sich die eine von den Damen noch einmal ihm nachblickend zwischen den Blumen hinauslehnte und dann schnell das Fenster schloss.

Am folgenden Morgen, als Florio soeben seine Traumblüten abgeschüttelt und vergnügt aus dem Fenster über die in der Morgensonne funkelnden Türme und Kuppeln der Stadt hinaussah, trat unerwartet der Ritter Donati in das Zimmer. Er war ganz schwarz gekleidet und sah heute ungewöhnlich verstört, hastig und beinahe wild aus. Florio erschrak ordentlich vor Freude, als er ihn erblickte, denn er gedachte sogleich der schönen Frau. Kann ich sie sehen?, rief er ihm schnell entgegen. Donati schüttelte verneinend mit dem Kopfe und sagte, traurig vor sich auf den Boden hinsehend: Heute ist Sonntag. – Dann fuhr er rasch fort, sich sogleich wieder ermahnend: Aber zur Jagd wollt' ich Euch abholen. Zur Jagd?, erwiderte Florio höchst verwundert, heute am heiligen Tage? – Nun wahrhaftig, fiel ihm der Ritter mit einem ingrimmigen, abscheulichen Lachen ins Wort, Ihr wollt doch nicht etwa mit der Buhlerin[1] unterm Arme zur Kirche wandern und im Winkel auf dem Fußschämmel knien und andächtig Gotthelf sagen, wenn die Frau Base[2] niest. – Ich weiß nicht, wie Ihr das meint, sagte Florio, und Ihr mögt immer über mich lachen, aber ich könnte heut nicht jagen. Wie da draußen alle Arbeit rastet, und Wälder und Felder so geschmückt aussehen zu Gottes Ehre, als zögen Engel durch das Himmelblau über sie hinweg – so still; so feierlich und gnadenreich ist diese Zeit! – Donati stand in Gedanken am Fenster, und Florio glaubte zu bemerken, dass er heimlich schauderte, wie er so in die Sonntagsstille der Felder hinaussah.

Unterdes hatte sich der Glockenklang von den Türmen der Stadt erhoben und ging wie ein Beten durch die klare Luft. Da schien Donati erschrocken, er griff nach seinem Hute und drang beinah ängstlich in Florio, ihn zu begleiten, der es aber beharrlich verweigerte. Fort, hinaus!, rief endlich der Ritter halblaut und wie aus tiefster, geklemmter Brust herauf, drückte dem erstaunten Jüngling die Hand, und stürzte aus dem Hause fort.

Florio wurde recht heimatlich zumute, als darauf der frische, klare Sänger Fortunato, wie ein Bote des Friedens,

---

[1] Geliebte, Gefährtin
[2] Cousine oder Tante

zu ihm ins Zimmer trat. Er brachte eine Einladung auf morgen Abend nach einem Landhause vor der Stadt. Macht Euch nur gefasst, setzte er hinzu, Ihr werdet dort eine alte Bekannte treffen! Florio erschrak ordentlich und fragte hastig: Wen? Aber Fortunato lehnte lustig alle Erklärungen ab und entfernte sich bald. Sollte es die schöne Sängerin sein?, dachte Florio still bei sich, und sein Herz schlug heftig.
Er begab sich dann in die Kirche, aber er konnte nicht beten, er war zu fröhlich zerstreut. Müßig schlenderte er durch die Gassen. Da sah alles so rein und festlich aus, schön geputzte Herren und Damen zogen fröhlich und schimmernd nach den Kirchen. Aber, ach! die Schönste war nicht unter ihnen! – Ihm fiel dabei sein Abenteuer beim gestrigen Heimzuge ein. Er suchte die Gasse auf und fand bald das große schöne Haus wieder; aber sonderbar! die Tür war geschlossen, alle Fenster fest zu, es schien niemand darin zu wohnen.
Vergeblich schweifte er den ganzen folgenden Tag in der Gegend umher, um nähere Auskunft über seine unbekannte Geliebte zu erhalten, oder sie, womöglich, gar wiederzusehen. Ihr Palast, so wie der Garten, den er in jener Mittagsstunde zufällig gefunden, war wie versunken, auch Donati ließ sich nicht erblicken. Ungeduldig schlug daher sein Herz vor Freude und Erwartung, als er endlich am Abend der Einladung zufolge mit Fortunato, der fortwährend den Geheimnisvollen spielte, zum Tore hinaus dem Landhause zuritt.
Es war schon völlig dunkel, als sie draußen ankamen. Mitten in einem Garten, wie es schien, lag eine zierliche Villa mit schlanken Säulen, über denen sich von der Zinne ein zweiter Garten von Orangen und vielerlei Blumen duftig erhob. Große Kastanienbäume standen umher und streckten kühn und seltsam beleuchtet ihre Riesenarme zwischen den aus den Fenstern dringenden Scheinen in die Nacht hinaus. Der Herr vom Hause, ein feiner fröhlicher Mann von mittleren Jahren, den aber Florio früher jemals gesehen zu haben, sich nicht erinnerte, empfing den Sänger und seinen Freund herzlich an der Schwelle des Hauses und führte sie die breiten Stufen hinan in den Saal.

Eine fröhliche Tanzmusik scholl ihnen dort entgegen, eine große Gesellschaft bewegte sich bunt und zierlich durcheinander im Glanze unzähliger Lichter, die gleich Sternenkreisen, in kristallenen Leuchtern über dem lustigen Schwarme schwebten. Einige tanzten, andere ergötzten[1] sich in lebhaftem Gespräch, viele waren maskiert und gaben unwillkürlich durch ihre wunderliche Erscheinung dem anmutigen Spiele oft plötzlich eine tiefe fast schauerliche Bedeutung.

Florio stand noch still geblendet, selber wie ein anmutiges Bild, zwischen den schönen schweifenden Bildern. Da trat ein zierliches Mädchen an ihn heran, in griechischem Gewande leicht geschürzt, die schönen Haare in künstliche Kränze geflochten. Eine Larve[2] verbarg ihr halbes Gesicht und ließ die untere Hälfte nun desto rosiger und reizender sehen. Sie verneigte sich flüchtig, überreichte ihm eine Rose und war schnell wieder in dem Schwarme verloren.

In demselben Augenblicke bemerkte er auch, dass der Herr vom Hause dicht bei ihm stand, ihn prüfend ansah, aber schnell wegblickte, als Florio sich umwandte. –

Verwundert durchstrich nun der Letztere die rauschende Menge. Was er heimlich gehofft, fand er nirgends, und er machte sich beinahe Vorwürfe, dem fröhlichen Fortunato so leichtsinnig auf dieses Meer von Lust gefolgt zu sein, das ihn nun immer weiter von jener einsamen hohen Gestalt zu verschlagen schien. Sorglos umspülten indes die losen Wellen, schmeichlerisch neckend, den Gedankenvollen und tauschten ihm unmerklich die Gedanken aus. Wohl kommt die Tanzmusik, wenn sie auch nicht unser Innerstes erschüttert und umkehrt, recht wie ein Frühling leise und gewaltig über uns, die Töne tasten zauberisch wie die ersten Sommerblicke nach der Tiefe und wecken alle die Lieder, die unten gebunden schliefen, und die Quellen und Blumen und uralte Erinnerungen und das ganze eingefrorene, schwere, stockende Leben wie ein leichter klarer Strom, auf dem das Herz mit rauschenden

---

[1] Vergnügen an etwas finden
[2] Maske

Wimpeln den lange aufgegebenen Wünschen fröhlich wieder zufährt. So hatte die allgemeine Lust auch Florio gar bald angesteckt, ihm war recht leicht zumute, als müssten sich alle Rätsel, die so schwül auf ihm lasteten, lösen.
Neugierig suchte er nun die niedliche Griechin wieder auf. Er fand sie in einem lebhaften Gespräch mit andern Masken, aber er bemerkte wohl, dass auch ihre Augen mitten im Gespräch suchend abseits schweiften und ihn schon von Ferne wahrgenommen hatten. Er forderte sie zum Tanze. Sie verneigte sich freundlich, aber ihre bewegliche Lebhaftigkeit schien wie gebrochen, als er ihre Hand berührte und festhielt. Sie folgte ihm still und mit gesenktem Köpfchen, man wusste nicht, ob schelmisch, oder traurig. Die Musik begann, und er konnte keinen Blick verwenden von der reizenden Gauklerin, die ihn gleich den Zaubergestalten auf den alten fabelhaften Schildereien umschwebte. „Du kennst mich", flüsterte sie kaum hörbar ihm zu, als sich einmal im Tanze ihre Lippen flüchtig beinahe berührten.
Der Tanz war endlich aus, die Musik hielt plötzlich inne; da glaubte Florio seine schöne Tänzerin am anderen Ende des Saales *noch einmal* wiederzusehen. Es war dieselbe Tracht, dieselben Farben des Gewandes, derselbe Haarschmuck. Das schöne Bild schien unverwandt auf ihn herzusehen und stand fortwährend still im Schwarme der nun überall zerstreuten Tänzer, wie ein heiteres Gestirn zwischen dem leichten fliegenden Gewölk bald untergeht, bald lieblich wieder erscheint. Die zierliche Griechin schien die Erscheinung nicht zu bemerken, oder doch nicht zu beachten, sondern verließ, ohne ein Wort zu sagen, mit einem leisen flüchtigen Händedruck eilig ihren Tänzer.
Der Saal war unterdes ziemlich leer geworden. Alles schwärmte in den Garten hinab, um sich in der lauen Luft zu ergehen, auch jenes seltsame Doppelbild war verschwunden. Florio folgte dem Zuge und schlenderte gedankenvoll durch die hohen Bogengänge. Die vielen Lichter warfen einen zauberischen Schein zwischen das zitternde Laub. Die hin und her schweifenden Masken mit

ihren veränderten grellen Stimmen und wunderbarem Aufzuge nahmen sich hier in der ungewissen Beleuchtung noch viel seltsamer und fast gespenstisch aus.
Er war eben, unwillkürlich einen einsamen Pfad einschlagend, ein wenig von der Gesellschaft abgekommen, als er eine liebliche Stimme zwischen den Gebüschen singen hörte:

> Über die beglänzten Gipfel
> Fernher kommt es wie ein Grüßen,
> Flüsternd neigen sich die Wipfel,
> Als ob sie sich wollten küssen.
>
> Ist er doch so schön und milde!
> Stimmen gehen durch die Nacht,
> Singen heimlich von dem Bilde –
> Ach, ich bin so froh verwacht[1]!
>
> Plaudert nicht so laut, ihr Quellen!
> Wissen darf es nicht der Morgen!
> In der Mondnacht linde Wellen,
> Senk' ich stille Glück und Sorgen. –

Florio folgte dem Gesange und kam auf einen offnen runden Rasenplatz, in dessen Mitte ein Springbrunnen lustig mit den Funken des Mondlichts spielte. Die Griechin saß, wie eine schöne Najade, auf dem steinernen Becken. Sie hatte die Larve abgenommen und spielte gedankenvoll mit einer Rose in dem schimmernden Wasserspiegel. Schmeichlerisch schweifte der Mondschein über den blendend weißen Nacken auf und nieder, ihr Gesicht konnte er nicht sehen, denn sie hatte ihm den Rücken zugekehrt. –
Als sie die Zweige hinter sich rauschen hörte, sprang das schöne Bildchen rasch auf, steckte die Larve vor und floh, schnell wie ein aufgescheuchtes Reh, wieder zur Gesellschaft zurück.
Florio mischte sich nun auch wieder in die bunten Reihen der Spazierengehenden. Manch zierliches Liebeswort

---

[1] übernächtigt

schallte da leise durch die laue Luft, der Mondschein hatte mit seinen unsichtbaren Fäden alle die Bilder wie in ein goldenes Liebesnetz verstrickt, in das nun die Masken mit ihren ungeselligen Parodien manche komische Lücke rissen. Besonders hatte Fortunato sich diesen Abend mehrere Mal verkleidet und trieb fortwährend seltsam wechselnd sinnreichen Spuk, immer neu und unerkannt, und oft sich selber überraschend durch die Kühnheit und tiefe Bedeutsamkeit seines Spieles, sodass er manchmal plötzlich still wurde vor Wehmut, wenn die andern sich halb totlachen wollten. –
Die schöne Griechin ließ sich indes nirgends sehen, sie schien es absichtlich zu vermeiden, dem Florio wiederzubegegnen.
Dagegen hatte ihn der Herr vom Hause recht in Beschlag genommen. Künstlich und weit ausholend befragte ihn derselbe weitläufig um sein früheres Leben, seine Reisen und seinen künftigen Lebensplan. Florio konnte dabei gar nicht vertraulich werden, denn Pietro, so hieß jener, sah fortwährend so beobachtend aus, als läge hinter alle den feinen Redensarten irgendein besonderer Anschlag auf der Lauer. Vergebens sann er hin und her, dem Grunde dieser zudringlichen Neugier auf die Spur zu kommen.
Er hatte sich soeben wieder von ihm losgemacht, als er, um den Ausgang einer Allee herumbiegend, mehreren Masken begegnete, unter denen er unerwartet die Griechin wieder erblickte. Die Masken sprachen viel und seltsam durcheinander, die eine Stimme schien ihm bekannt, doch konnte er sich nicht deutlich besinnen. Bald darauf verlor sich eine Gestalt nach der andern, bis er sich am Ende, eh' er sich dessen recht versah, allein mit dem Mädchen befand. Sie blieb zögernd stehen und sah ihn einige Augenblicke schweigend an. Die Larve war fort, aber ein kurzer, blütenweißer Schleier, mit allerlei wunderlichen goldgestickten Figuren verziert, verdeckte das Gesichtchen. Er wunderte sich, dass die Scheue nun so allein bei ihm aushielt.
Ihr habt mich in meinem Gesange belauscht, sagte sie endlich freundlich. Es waren die ersten lauten Worte, die er von ihr vernahm. Der melodische Klang ihrer Stimme

drang ihm durch die Seele, es war als rührte sie erinnernd an alles Liebe, Schöne und Fröhliche, was er im Leben erfahren. Er entschuldigte seine Kühnheit und sprach verwirrt von der Einsamkeit, die ihn verlockt, seiner Zerstreuung, dem Rauschen der Wasserkunst. – Einige Stimmen näherten sich währenddem dem Platze. Das Mädchen blickte scheu um sich und ging rasch tiefer in die Nacht hinein. Sie schien es gern zu sehen, dass Florio ihr folgte. Kühn und vertraulicher bat er sie nun, sich nicht länger zu verbergen, oder doch ihren Namen zu sagen, damit ihre liebliche Erscheinung unter den tausend verwirrenden Bildern des Tages ihm nicht wieder verloren ginge. Lasst das, erwiderte sie träumerisch, nehmt die Blumen des Lebens fröhlich wie sie der Augenblick gibt, und forscht nicht nach den Wurzeln im Grunde, denn unten ist es freudlos und still. Florio sah sie erstaunt an, er begriff nicht, wie solche rätselhafte Worte in den Mund des heiteren Mädchens kamen. Das Mondlicht fiel eben wechselnd zwischen den Bäumen auf ihre Gestalt. Da kam es ihm auch vor, als sei sie nun größer, schlanker und edler, als vorhin beim Tanze und am Springbrunnen.

Sie waren indes bis an den Ausgang des Gartens gekommen. Keine Lampe brannte mehr hier, nur manchmal hörte man noch eine Stimme in der Ferne verhallend. Draußen ruhte der weite Kreis der Gegend still und feierlich im prächtigen Mondschein. Auf einer Wiese, die vor ihnen lag, bemerkte Florio mehrere Pferde und Menschen, in dem Dämmerlichte halb kenntlich durcheinanderwirrend.

Hier blieb seine Begleiterin plötzlich stehen. „Es wird mich erfreuen", sagte sie, „Euch einmal in meinem Hause zu sehen. Unser Freund wird Euch hingeleiten. – Lebt wohl!" – Bei diesen Worten schlug sie den Schleier zurück, und Florio fuhr erschrocken zusammen. – Es war die wunderbare Schöne, deren Gesang er in jenem mittagschwülen Garten belauscht. – Aber ihr Gesicht, das der Mond hell beschien, kam ihm bleich und regungslos vor, fast wie damals das Marmorbild am Weiher.

Er sah nun, wie sie über die Wiese dahinging, von mehreren reich geschmückten Dienern empfangen wurde, und in einem schnell umgeworfenen schimmernden Jagdklei-

de einen schneeweißen Zelter bestieg. Wie festgebannt von Staunen, Freude und einem heimlichen Grauen, das ihn innerlich überschlich, blieb er stehen, bis Pferde, Reiter und die ganze seltsame Erscheinung in die Nacht verschwunden war.
Ein Rufen aus dem Garten weckte ihn endlich aus seinen Träumen. Er erkannte Fortunatos Stimme und eilte, den Freund zu erreichen, der ihn schon längst vermisst und vergebens aufgesucht hatte. Dieser wurde seiner kaum gewahr, als er ihm schon entgegensang:

>Still in Luft
>Es gebart[1]
>Aus dem Duft
>Hebt sich's zart
>Liebchen ruft
>Liebster schweift
>Durch die Luft,
>Sternwärts greift
>Seufzt und ruft,
>Herz wird bang
>Matt wird Duft,
>Zeit wird lang –
>Mondscheinduft
>Luft in Luft
>Bleibt Liebe und Liebste,
>wie sie gewesen!

Aber wo seid Ihr denn auch so lange herumgeschwebt?, schloss er endlich lachend. – Um keinen Preis hätte Florio sein Geheimnis verraten können. Lange?, erwiderte er nur, selber erstaunt. Denn in der Tat war der Garten unterdes ganz leer geworden, alle Beleuchtung fast erloschen, nur wenige Lampen flackerten noch ungewiss, wie Irrlichter, im Winde hin und her.
Fortunato drang nicht weiter in den Jüngling, und schweigend stiegen sie in dem still gewordenen Hause die Stufen hinan. Ich löse nun mein Wort, sagte Fortunato, indem sie

---
[1] gebiert (gebären)

auf der Terrasse über dem Dache der Villa anlangten, wo
noch eine kleine Gesellschaft unter dem heiter gestirnten
Himmel versammelt war. Florio erkannte sogleich mehrere Gesichter, die er an jenem ersten, fröhlichen Abend
bei den Zelten gesehen. Mitten unter ihnen erblickte er
auch seine schöne Nachbarin wieder. Aber der fröhliche
Blumenkranz fehlte heute in den Haaren, ohne Band, ohne Schmuck wallten die schönen Locken um das Köpfchen
und den zierlichen Hals. Er stand fast betroffen still bei
dem Anblick. Die Erinnerung an jenen Abend überflog ihn
mit einer seltsam wehmütigen Gewalt. Es war ihm, als sei
das schon lange her, so ganz anders war alles seitdem
geworden.

Das Fräulein wurde Bianka genannt und ihm als Pietros
Nichte vorgestellt. Sie schien ganz verschüchtert, als er
sich ihr näherte, und wagte es kaum zu ihm aufzublicken.
Er äußerte ihr seine Verwunderung, sie diesen Abend hindurch nicht gesehen zu haben. Ihr habt mich öfter gesehen, sagte sie leise, und er glaubte dieses Flüstern wiederzuerkennen. Währenddes wurde sie die Rose an seiner
Brust gewahr, welche er von der Griechin erhalten, und
schlug errötend die Augen nieder. Florio bemerkte es
wohl, ihm fiel dabei ein, wie er nach dem Tanze die Griechin doppelt gesehen. Mein Gott!, dachte er verwirrt bei
sich, wer war denn das?

Es ist gar seltsam, unterbrach sie ablenkend das Still-
schweigen, so plötzlich aus der lauten Lust in die weite
Nacht hinauszutreten. Seht nur, die Wolken gehen oft so
schreckhaft wechselnd über den Himmel, dass man wahnsinnig werden müsste, wenn man lange hineinsähe; bald
wie ungeheure Mondgebirge mit schwindligen Abgrün-
den und schrecklichen Zacken, ordentlich wie Gesichter,
bald wieder wie Drachen, oft plötzlich lange Hälse aus-
streckend, und drunter schießt der Fluss heimlich wie
eine goldne Schlange durch das Dunkel, das weiße Haus
da drüben sieht aus wie ein stilles Marmorbild. – Wo?,
fuhr Florio, bei diesem Worte heftig erschreckt, aus seinen
Gedanken auf. – Das Mädchen sah ihn verwundert an,
und beide schwiegen einige Augenblicke still. – Ihr werdet
Lucca verlassen?, sagte sie endlich wieder zögernd und

leise, als fürchtete sie sich vor einer Antwort. – Nein, erwiderte Florio zerstreut, doch ja, ja, bald, recht sehr bald! – Sie schien noch etwas sagen zu wollen, wandte aber plötzlich, die Worte zurückdrängend, ihr Gesicht ab in die Dunkelheit.
Er konnte endlich den Zwang nicht länger aushalten. Sein Herz war so voll und gepresst und doch so überselig. Er nahm schnell Abschied, eilte hinab und ritt ohne Fortunato und alle Begleitung in die Stadt zurück.
Das Fenster in seinem Zimmer stand offen, er blickte flüchtig noch einmal hinaus. Die Gegend draußen lag unkenntlich und still wie eine wunderbar verschränkte Hieroglyphe[1] im zauberischen Mondschein. Er schloss das Fenster fast erschrocken und warf sich auf sein Ruhebett hin, wo er wie ein Fieberkranker in die wunderlichsten Träume versank.
Bianka aber saß noch lange auf der Terrasse oben. Alle andern hatten sich zur Ruhe begeben, hin und wieder erwachte schon manche Lerche, mit ungewissem Liede hoch durch die stille Luft schweifend, die Wipfel der Bäume fingen an sich unten zu rühren, falbe Morgenlichter flogen wechselnd über ihr verwachtes, von den freigelassnen Locken nachlässig umwalltes Gesicht. – Man sagt, dass einem Mädchen, wenn sie in einem aus neunerlei Blumen geflochtenen Kranze einschläft, ihr künftiger Bräutigam im Traume erscheine. So eingeschlummert hatte Bianka nach jenem Abend bei den Zelten Florio im Traume gesehen. – Nun war alles Lüge, er war ja zerstreut, so kalt und fremde! – Sie zerpflückte die trügerischen Blumen, die sie bis jetzt wie einen Brautkranz aufbewahrt. Dann lehnte sie die Stirn an das kalte Geländer und weinte aus Herzensgrunde.

Mehrere Tage waren seitdem vergangen, da befand sich Florio eines Nachmittags bei Donati auf seinem Landhause vor der Stadt. An einem mit Früchten und kühlem Wein

---

[1] Bilderschrift des ägyptischen Schriftsystems

besetzten Tische verbrachten sie die schwülen Stunden unter anmutigen Gesprächen, bis die Sonne schon tief hinabgesunken war. Währenddes ließ Donati seinen Diener auf der Gitarre spielen, der ihr gar liebliche Töne zu entlocken wusste. Die großen, weiten Fenster standen dabei offen, durch welche die lauen Abendlüfte den Duft vielfacher Blumen, mit denen das Fenster besetzt war, hineinwehten. Draußen lag die Stadt im farbigen Duft zwischen den Gärten und Weinbergen, von denen ein fröhliches Schallen durch die Fenster heraufkam. Florio war innerlichst vergnügt, denn er gedachte im Stillen immerfort der schönen Frau.

Währenddem ließen sich draußen Waldhörner aus der Ferne vernehmen. Bald näher, bald weit, gaben sie einander unablässig anmutige Antwort von den grünen Bergen. Donati trat ans Fenster. Das ist die Dame, sagte er, die Ihr in dem schönen Garten gesehen habt, sie kehrt soeben von der Jagd nach ihrem Schlosse zurück. Florio blickte hinaus. Da sah er das Fräulein auf einem schönen Zelter unten über den grünen Anger[1] ziehen. Ein Falke, mit einer goldenen Schnur an ihrem Gürtel befestigt, saß auf ihrer Hand, ein Edelstein an ihrer Brust warf in der Abendsonne lange grünlichgoldne Scheine über die Wiese hin. Sie nickte freundlich zu ihm herauf.

Das Fräulein ist nur selten zu Hause, sagte Donati, wenn es Euch gefällig wäre, könnten wir sie noch heute besuchen. Florio fuhr bei diesen Worten freudig aus dem träumerischen Schauen, in das er versunken stand, er hätte dem Ritter um den Hals fallen mögen. – Und bald saßen beide draußen zu Pferde.

Sie waren noch nicht lange geritten, als sich der Palast mit seiner heitern Säulenpracht vor ihnen erhob, ringsum von dem schönen Garten, wie von einem fröhlichen Blumenkranz umgeben. Von Zeit zu Zeit schwangen sich Wasserstrahlen von den vielen Springbrunnen, wie jauchzend, hell über die Wipfel der Gebüsche, hell im Abendgolde funkelnd. – Florio verwunderte sich, wie er bisher niemals den Garten wiederfinden konnte. Sein Herz schlug laut

---

[1] Wiese, Weideland

vor Entzücken und Erwartung, als sie endlich bei dem Schlosse anlangten.
Mehrere Diener eilten herbei, ihnen die Pferde abzunehmen. Das Schloss selbst war ganz von Marmor, und seltsam, fast wie ein heidnischer Tempel erbaut. Das schöne Ebenmaß aller Teile, die wie jugendliche Gedanken hochaufstrebenden Säulen, die künstlichen Verzierungen, sämtliche Geschichten aus einer fröhlichen, lange versunkenen Welt[1] darstellend, die schönen, marmornen Götterbilder endlich, die überall in den Nischen umherstanden, alles erfüllte die Seele mit einer unbeschreiblichen Heiterkeit. Sie betraten nun die weite Halle, die durch das ganze Schloss hindurchging. Zwischen den luftigen Säulen glänzte und wehte ihnen überall der Garten duftig entgegen.
Auf den breiten glatt polierten Stufen, die in den Garten hinabführten, trafen sie endlich auch die schöne Herrin des Palastes, die sie mit großer Anmut willkommen hieß. – Sie ruhte, halb liegend, auf einem Ruhebett von köstlichen Stoffen. Das Jagdkleid hatte sie abgelegt, ein himmelblaues Gewand, von einem wunderbar zierlichen Gürtel zusammengehalten, umschloss die schönen Glieder. Ein Mädchen neben ihr kniend hielt ihr einen reich verzierten Spiegel vor, während mehrere andere beschäftigt waren, ihre anmutige Gebieterin mit Rosen zu schmücken. Zu ihren Füßen war ein Kreis von Jungfrauen auf den Rasen gelagert, die sangen mit abwechselnden Stimmen zur Laute, bald hinreißend fröhlich, bald leise klagend, wie Nachtigallen in warmen Sommernächten einander Antwort geben.
In dem Garten selbst sah man überall ein erfrischendes Wehen und Regen. Viele fremde Herren und Damen wandelten da zwischen den Rosengebüschen und Wasserkünsten in artigen Gesprächen auf und nieder. Reich geschmückte Edelknaben reichten Wein und mit Blumen verdeckte Orangen und Früchte in silbernen Schalen umher. Weiter in der Ferne, wie die Lautenklänge und die Abendstrahlen über die Blumenfelder dahinglitten, erho-

---

[1] Gemeint ist die antike Götterwelt.

ben sich hin und her schöne Mädchen, wie aus Mittagsträumen erwachend, aus den Blumen, schüttelten die dunkeln Locken aus der Stirn, wuschen sich die Augen in den klaren Springbrunnen, und mischten sich dann auch in den fröhlichen Schwarm.

Florios Blicke schweiften wie geblendet über die bunten Bilder, immer mit neuer Trunkenheit wieder zu der schönen Herrin des Schlosses zurückkehrend. Diese ließ sich in ihrem kleinen anmutigen Geschäft nicht stören. Bald etwas an ihrem dunkeln duftenden Lockengeflecht verbessernd, bald wieder im Spiegel sich betrachtend, sprach sie dabei fortwährend zu dem Jüngling, mit gleichgültigen Dingen in zierlichen Worten holdselig spielend. Zuweilen wandte sie sich plötzlich um und blickte ihn unter den Rosenkränzen so unbeschreiblich lieblich an, dass es ihm durch die innerste Seele ging. –

Die Nacht hatte indes schon angefangen, zwischen die fliegenden Abendlichter hinein zu dunkeln, das lustige Schallen im Garten wurde nach und nach zum leisen Liebesgeflüster, der Mondschein legte sich zauberisch über die schönen Bilder. Da erhob sich die Dame von ihrem blumigen Sitze und fasste Florio freundlich bei der Hand, um ihn in das Innere ihres Schlosses zu führen, von dem er bewundernd gesprochen. Viele von den andern folgten ihnen nach. Sie gingen einige Stufen auf und nieder, die Gesellschaft zerstreute sich inzwischen lustig, lachend und scherzend durch die vielfachen Säulengänge, auch Donati war im Schwarme verloren, und bald befand sich Florio mit der Dame allein in einem der prächtigsten Gemächer des Schlosses.

Die schöne Führerin ließ sich hier auf mehrere am Boden liegende seidene Kissen nieder. Sie warf dabei, zierlich wechselnd, ihren weiten, blütenweißen Schleier in die manigfaltigsten Richtungen, immer schönere Formen bald enthüllend, bald lose verbergend. Florio betrachtete sie mit flammenden Augen. Da begann auf einmal draußen in dem Garten ein wunderschöner Gesang. Es war ein altes frommes Lied, das er in seiner Kindheit oft gehört und seitdem über den wechselnden Bildern der Reise fast vergessen hatte. Er wurde ganz zerstreut, denn es kam

ihm zugleich vor, als wäre es Fortunatos Stimme. – Kennt Ihr den Sänger?, fragte er rasch die Dame. Diese schien ordentlich erschrocken und verneinte es verwirrt. Dann saß sie lange im stummen Nachsinnen da.
Florio hatte unterdes Zeit und Freiheit, die wunderlichen Verzierungen des Gemaches genau zu betrachten. Es war nur matt durch einige Kerzen erleuchtet, die von zwei ungeheuren, aus der Wand hervorragenden Armen gehalten wurden. Hohe, ausländische Blumen, die in künstlichen Krügen umherstanden, verbreiteten einen berauschenden Duft. Gegenüber stand eine Reihe marmorner Bildsäulen, über deren reizende Formen die schwankenden Lichter lüstern auf und nieder schweiften. Die übrigen Wände füllten köstliche Tapeten mit in Seide gewirkten lebensgroßen Historien[1] von ausnehmender Frische.
Mit Verwunderung glaubte Florio, in allen den Damen, die er in diesen letzten Schildereien erblickte, die schöne Herrin des Hauses deutlich wiederzuerkennen. Bald erschien sie, den Falken auf der Hand, wie er sie vorhin gesehen hatte, mit einem jungen Ritter auf die Jagd reitend, bald war sie in einem prächtigen Rosengarten vorgestellt, wie ein andrer schöner Edelknabe auf den Knien zu ihren Füßen lag.
Da flog es ihn plötzlich wie von den Klängen des Liedes draußen an, dass er zu Hause in früher Kindheit oftmals ein solches Bild gesehen, eine wunderschöne Dame in derselben Kleidung, einen Ritter zu ihren Füßen, hinten einen weiten Garten mit vielen Springbrunnen und künstlich geschnittenen Alleen, gerade wie vorhin der Garten draußen erschienen. Auch Abbildungen von Lucca und anderen berühmten Städten erinnerte er sich dort gesehen zu haben.
Er erzählte es nicht ohne tiefe Bewegung der Dame. Damals, sagte er in Erinnerungen verloren, wenn ich so an schwülen Nachmittagen in dem einsamen Lusthause unseres Gartens vor den alten Bildern stand und die wunderlichen Türme der Städte, die Brücken und Alleen be-

---

[1] (Bilder-)Geschichten

trachtete, wie da prächtige Karossen fuhren und stattliche Kavaliers einherritten, die Damen in den Wagen begrüßend – da dachte ich nicht, dass das alles einmal lebendig werden würde um mich herum. Mein Vater trat dabei oft zu mir und erzählte mir manch lustiges Abenteuer, das ihm auf seinen jugendlichen Heeresfahrten[1] in der und jener von den abgemalten Städten begegnet. Dann pflegte er gewöhnlich lange Zeit nachdenklich in dem stillen Garten auf und ab zu gehen. – Ich aber warf mich in das tiefste Gras und sah stundenlang zu, wie Wolken über die schwüle Gegend wegzogen. Die Gräser und Blumen schwankten leise hin und her über mir, als wollten sie seltsame Träume weben, die Bienen summten dazwischen so sommerhaft und in einem fort – ach! Das ist alles wie ein Meer von Stille, in dem das Herz vor Wehmut untergehen möchte! – Lasst nur das!, sagte hier die Dame wie in Zerstreuung, ein jeder glaubt mich schon einmal gesehen zu haben, denn mein Bild dämmert und blüht wohl in allen Jugendträumen mit herauf. Sie streichelte dabei beschwichtigend dem schönen Jüngling die braunen Locken aus der klaren Stirn. – Florio aber stand auf, sein Herz war zu voll und tief bewegt, er trat ans offene Fenster. Da rauschten die Bäume, hin und her schlug eine Nachtigall, in der Ferne blitzte es zuweilen. Über den stillen Garten weg zog immerfort der Gesang wie ein klarer kühler Strom, aus dem die alten Jugendträume herauftauchten. Die Gewalt dieser Töne hatte seine ganze Seele in tiefe Gedanken versenkt, er kam sich auf einmal hier so fremde, und wie aus sich selber verirrt vor. Selbst die letzten Worte der Dame, die er sich nicht recht zu deuten wusste, beängstigten ihn sonderbar – da sagte er leise aus tiefstem Grunde der Seele: Herrgott, lass mich nicht verloren gehen in der Welt! Kaum hatte er die Worte innerlichst ausgesprochen, als sich draußen ein trüber Wind wie von dem herannahenden Gewitter erhob und ihn verwirrend anwehte. Zu gleicher Zeit bemerkte er an dem Fenstersimse Gras und einzelne Büschel von Kräutern wie auf

---

[1] Gemeint sind Kavalierstouren junger Männer, die versuchten, eine Frau zu finden.

altem Gemäuer. Eine Schlange fuhr zischend daraus hervor und stürzte mit dem grünlichgoldenen Schweife sich ringelnd in den Abgrund hinunter.
Erschrocken verließ Florio das Fenster und kehrte zu der Dame zurück. Diese saß unbeweglich still, als lauschte sie. Dann stand sie rasch auf, ging ans Fenster und sprach mit anmutiger Stimme scheltend in die Nacht hinaus. Florio konnte aber nichts verstehen, denn der Sturm riss die Worte gleich mit sich fort. – Das Gewitter schien indes immer näher zu kommen, der Wind, zwischen dem noch immerfort einzelne Töne des Gesanges herzzerreißend herauflogen, strich pfeifend durch das ganze Haus und drohte die wild hin und her flackernden Kerzen zu verlöschen. Ein langer Blitz erleuchtete soeben das dämmernde Gemach. Da fuhr Florio plötzlich einige Schritte zurück, denn es war ihm, als stünde die Dame starr mit geschlossenen Augen und ganz weißem Antlitz und Armen vor ihm. – Mit dem flüchtigen Blitzesscheine jedoch verschwand auch das schreckliche Gesicht wieder wie es entstanden. Die alte Dämmerung füllte wieder das Gemach, die Dame sah ihn wieder lächelnd an wie vorhin, aber stillschweigend und wehmütig wie mit schwer verhaltenen Tränen.
Florio hatte indes, im Schreck zurücktaumelnd, eines von den steinernen Bildern, die an der Wand herumstanden angestoßen. In demselben Augenblicke begann dasselbe sich zu rühren, die Regung teilte sich schnell den andern mit, und bald erhoben sich alle die Bilder mit furchtbarem Schweigen von ihrem Gestelle. Florio zog seinen Degen und warf einen ungewissen Blick auf die Dame. Als er aber bemerkte, dass dieselbe, bei den indes immer gewaltiger verschwellenden Tönen des Gesanges im Garten immer bleicher und bleicher wurde, gleich einer versinkenden Abendröte, worin endlich auch die lieblich spielenden Augensterne unterzugehen schienen, da erfasste ihn ein tödliches Grauen. Denn auch die hohen Blumen in den Gefäßen fingen an, sich wie bunt gefleckte bäumende Schlangen grässlich durcheinanderzuwinden, alle Ritter auf den Wandtapeten sahen auf einmal aus wie er und lachten ihn hämisch an, die beiden Arme, welche die Ker-

zen hielten, rangen und reckten sich immer länger, als wolle ein ungeheurer Mann aus der Wand sich hervorarbeiten, der Saal füllte sich mehr und mehr, die Flammen des Blitzes warfen grässliche Scheine zwischen die Gestalten, durch deren Gewimmel Florio die steinernen Bilder mit solcher Gewalt auf sich losdringen sah, dass ihm die Haare zu Berge standen. Das Grausen überwältigte alle seine Sinne, er stürzte verworren aus dem Zimmer durch die öden widerhallenden Gemächer und Säulengänge hinab.
Unten im Gang lag seitwärts der stille Weiher, den er in jener ersten Nacht gesehen, mit dem marmornen Venusbilde. – Der Sänger Fortunato, so kam es ihm vor, fuhr abgewendet und hoch aufrecht stehend im Kahne mitten auf dem Weiher, noch einzelne Akkorde in seiner Gitarre greifend. – Florio aber hielt auch diese Erscheinung für ein verwirrendes Blendwerk der Nacht und eilte fort und fort, ohne sich umzusehen, bis Weiher, Garten und Palast weit hinter ihm versunken waren. Die Stadt ruhte, hell vom Monde beschienen, vor ihm. Fernab am Horizonte verhallte nur ein leichtes Gewitter, es war eine prächtig klare Sommernacht.
Schon flogen einzelne Lichtstreifen über den Morgenhimmel, als er vor den Toren ankam. Er suchte dort heftig Donatis Wohnung auf, ihn wegen der Begebenheiten dieser Nacht zur Rede zu stellen. Das Landhaus lag auf einem der höchsten Plätze mit der Aussicht über die Stadt und die ganze umliegende Gegend. Er fand daher die anmutige Stelle bald wieder. Aber anstatt der zierlichen Villa, in der er gestern gewesen, stand nur eine niedere Hütte da, ganz von Weinlaub überrankt und von einem kleinen Gärtchen umschlossen. Tauben in den ersten Morgenstrahlen spiegelnd, gingen girrend auf dem Dache auf und nieder; ein tiefer heiterer Friede herrschte überall. Ein Mann mit dem Spaten auf der Achsel kam soeben aus dem Hause und sang:

> Vergangen ist die finstre Nacht,
> Des Bösen Trug und Zaubermacht,
> Zur Arbeit weckt der lichte Tag;
> Frisch auf, wer Gott noch loben mag!

Er brach sein Lied plötzlich ab, als er den Fremden so bleich und mit verworrenem Haar daherfliegen sah. – Ganz verwirrt fragte Florio nach Donati. Der Gärtner aber kannte den Namen nicht und schien den Fragenden für wahnsinnig zu halten. Seine Tochter dehnte sich auf der Schwelle in die kühle Morgenluft hinauf und sah den Fremden frisch und morgenklar mit den großen, verwunderten Augen an. – Mein Gott! wo bin ich denn so lange gewesen!, sagte Florio halb leise in sich, und floh eilig zurück durch das Tor und die noch leeren Gassen in die Herberge.
Hier verschloss er sich in sein Zimmer und versank ganz und gar in ein hinstarrendes Nachsinnen. Die unbeschreibliche Schönheit der Dame, wie sie so langsam vor ihm verblich, und die anmutigen Augen untergingen, hatte in seinem tiefsten Herzen eine solche unendliche Wehmut zurückgelassen, dass er sich unwiderstehlich sehnte, hier zu sterben. –
In solchem unseligen Brüten und Träumen blieb er den ganzen Tag und die darauffolgende Nacht hindurch.

―――

Die früheste Morgendämmerung fand ihn schon zu Pferde vor den Toren der Stadt. Das unermüdliche Zureden seines getreuen Dieners hatte ihn endlich zu dem Entschlusse bewogen, diese Gegend gänzlich zu verlassen. Langsam und in sich gekehrt zog er nun die schöne Straße, die von Lucca in das Land hinausführte, zwischen den dunkelnden Bäumen, in denen die Vögel noch schliefen, dahin. Da gesellten sich, nicht gar fern von der Stadt, noch drei andere Reiter zu ihm. Nicht ohne heimlichen Schauer erkannte er in dem einen den Sänger Fortunato. Der andere war Fräulein Biankas Oheim, in dessen Landhause er an jenem verhängnisvollen Abende getanzt. Er wurde von einem Knaben begleitet, der stillschweigend und ohne viel aufzublicken, neben ihm her ritt. Alle drei hatten sich vorgenommen, miteinander das schöne Italien zu durchschweifen und luden Florio freudig ein, mit ihnen zu reisen. Er aber verneigte sich schweigend, weder einwilligend, noch verneinend, und nahm fortwährend an allen ihren Gesprächen nur geringen Anteil.

Die Morgenröte erhob sich indes immer höher und kühler über der wunderschönen Landschaft vor ihnen. Da sagte der heitre Pietro zu Fortunato: Seht nur, wie seltsam das Zwielicht über dem Gestein der alten Ruine auf dem Berge dort spielt! Wie oft bin ich, schon als Knabe, mit Erstaunen, Neugier und heimlicher Scheu dort herumgeklettert! Ihr seid so vieler Sagen kundig, könnt Ihr uns nicht Auskunft geben von dem Ursprung und Verfall dieses Schlosses, von dem so wunderliche Gerüchte im Lande gehen? – Florio warf einen Blick nach dem Berge. In einer großen Einsamkeit lag da altes verfallenes Gemäuer umher, schöne halb in die Erde versunkene Säulen und künstlich gehauene Steine, alles von einer üppig blühenden Wildnis grünverschlungener Ranken, Hecken und hohen Unkrauts überdeckt. Ein Weiher befand sich daneben, über dem sich ein zum Teil zertrümmertes Marmorbild erhob, hell vom Morgen angeglüht. Es war offenbar dieselbe Gegend, dieselbe Stelle, wo er den schönen Garten und die Dame gesehen hatte. – Er schauerte innerlichst zusammen bei dem Anblicke. – Fortunato aber sagte: Ich weiß ein altes Lied darauf, wenn Ihr damit fürliebnehmen wollt. – Und hiermit sang er, ohne sich lange zu besinnen, mit seiner klaren fröhlichen Stimme in die heitere Morgenluft hinaus:

> Von kühnen Wunderbildern
> Ein großer Trümmerhauf,
> In reizendem Verwildern
> Ein blüh'nder Garten drauf.
>
> Versunknes Reich zu Füßen,
> Vom Himmel fern und nah,
> Aus andrem Reich ein Grüßen –
> Das ist Italia!
>
> Wenn Frühlingslüfte wehen
> Hold über'n grünen Plan,
> Ein leises Auferstehen
> Hebt in den Tälern an.

Da will sich's unten rühren
Im stillen Göttergrab,
Der Mensch kann's schauernd spüren
Tief in die Brust hinab.

Verwirrend durch die Bäume
Gehn Stimmen hin und her,
Ein sehnsuchtsvolles Träumen
Weht über's blaue Meer.

Und unter'm duft'gen Schleier,
So oft der Lenz[1] erwacht,
Webt in geheimer Feier
Die alte Zaubermacht.

Frau Venus hört das Locken,
Der Vögel heitern Chor
Und richtet froh erschrocken
Aus Blumen sich empor.

Sie sucht die alten Stellen,
Das luft'ge Säulenhaus,
Schaut lächelnd in die Wellen
Der Frühlingsluft hinaus.

Doch öd' sind nun die Stellen,
Stumm liegt ihr Säulenhaus,
Gras wächst da auf den Schwellen,
Der Wind zieht ein und aus.

Wo sind nun die Gespielen?
Diana[2] schläft im Wald,
Neptunus[3] ruht im kühlen
Meerschloss, das einsam hallt.

---

[1] Frühling
[2] römische Göttin der Jagd
[3] römischer Gott des Meeres

Zuweilen nur Sirenen
Noch tauchen aus dem Grund
Und tun in irren Tönen
Die tiefe Wehmut kund. –

Sie selbst muss sinnend stehen
So bleich im Frühlingsschein,
Die Augen untergehen,
Der schöne Leib wird Stein. –

Denn über Land und Wogen
Erscheint, so still und mild,
Hoch auf dem Regenbogen
Ein andres Frauenbild[1].

Ein Kindlein in den Armen
Die Wunderbare hält
Und himmlisches Erbarmen
Durchdringt die ganze Welt.

Da in den lichten Räumen
Erwacht das Menschenkind
Und schüttelt böse Träume
Von seinem Haupt geschwind.

Und, wie die Lerche singend,
Aus schwülen Zaubers Kluft
Erhebt die Seele ringend
Sich in die Morgenluft.

Alle waren still geworden über dem Liede. – Jene Ruine, sagte endlich Pietro, wäre also ein ehemaliger Tempel der Venus, wenn ich Euch sonst recht verstanden? – Allerdings, erwiderte Fortunato, soviel man an der Anordnung des Ganzen und den noch übrig gebliebenen Verzierungen abnehmen kann. Auch sagt man, der Geist der schönen Heidengöttin habe keine Ruhe gefunden. Aus der erschrecklichen Stille des Grabes heißt sie das Andenken an

---

[1] Hier erfolgt eine Anspielung auf Maria mit dem Jesuskind.

die irdische Lust jeden Frühling immer wieder in die grüne Einsamkeit ihres verfallenen Hauses heraufsteigen und durch teuflisches Blendwerk die alte Verführung üben an jungen sorglosen Gemütern, die dann vom Leben abgeschieden, und doch auch noch nicht aufgenommen in den Frieden der Toten, zwischen wilder Lust und schrecklicher Reue, an Leib und Seele verloren, umherirren, und in der entsetzlichsten Täuschung sich selber verzehren. Gar häufig will man auf demselben Platze Anfechtungen von Gespenstern verspürt haben, wo sich bald eine wunderschöne Dame, bald mehrere ansehnliche Kavaliers sehen lassen und die Vorübergehenden in einem dem Auge vorgestellten erdichteten Garten und Palast führen. – Seid Ihr jemals droben gewesen?, fragte hier Florio rasch, aus seinen Gedanken erwachend. – Erst vorgestern Abends, entgegnete Fortunato. – Und habt Ihr nichts Erschreckliches gesehen? – Nichts, sagte der Sänger, als den stillen Weiher und die weißen rätselhaften Steine im Mondlicht umher und den weiten unendlichen Sternenhimmel darüber. Ich sang ein altes frommes Lied, eines von jenen ursprünglichen Liedern, die, wie Erinnerungen und Nachklänge aus einer heimatlichen Welt, durch das Paradiesgärtlein unsrer Kindheit ziehn und ein rechtes Wahrzeichen sind, an dem sich alles Poetische später in dem älter gewordenen Leben immer wieder erkennen. Glaubt mir, ein redlicher[1] Dichter kann viel wagen, denn die Kunst, die ohne Stolz und Frevel, bespricht und bändigt die wilden Erdengeister, die aus der Tiefe nach uns langen. Alle schwiegen, die Sonne ging soeben auf vor ihnen und warf ihre funkelnden Lichter über die Erde. Da schüttelte Florio sich an allen Gliedern, sprengte rasch eine Strecke den anderen voraus, und sang mit heller Stimme:

>Hier bin ich, Herr! Gegrüßt das Licht,
>Das durch die stille Schwüle
>Der müden Brust gewaltig bricht
>Mit seiner strengen Kühle.

---

[1] ehrlich, gewissenhaft

Nun bin ich frei! Ich taumle noch
Und kann mich noch nicht fassen –
O Vater, du erkennst mich doch,
Und wirst nicht von mir lassen!

Es kommt nach allen heftigen Gemütsbewegungen, die unser ganzes Wesen durchschüttert, eine stillklare Heiterkeit über die Seele, gleich wie die Felder nach einem Gewitter frischer grünen und aufatmen. So fühlte sich auch Florio nun innerlichst erquickt, er blickte wieder recht mutig um sich und erwartete beruhigt die Gefährten, die langsam im Grünen nachgezogen kamen.

Der zierliche Knabe, welcher Pietro begleitete, hatte unterdes auch, wie Blumen vor den ersten Morgenstrahlen, das Köpfchen erhoben. – Da erkannte Florio mit Erstaunen Fräulein Bianka. Er erschrak, wie sie so bleich aussah gegen jenen Abend, da er sie zum ersten Mal unter den Zelten in reizendem Mutwillen gesehen. Die Arme war mitten in ihren sorglosen Kinderspielen von der Gewalt der ersten Liebe überrascht worden. Und als dann der heiß geliebte Florio, den dunkeln Mächten folgend, so fremde wurde und sich immer weiter von ihr entfernte, bis sie ihn endlich ganz verloren geben musste, da versank sie in eine tiefe Schwermut, deren Geheimnis sie niemandem anzuvertrauen wagte. Der kluge Pietro wusste es aber wohl und hatte beschlossen, seine Nichte weit fortzuführen und sie in fremden Gegenden und in einem andern Himmelsstrich, wo nicht zu heilen, doch zu zerstreuen und zu erhalten. Um ungehinderter reisen zu können, und zugleich alles Vergangene gleichsam von sich abzustreifen, hatte sie Knabentracht anlegen müssen.

Mit Wohlgefallen ruhten Florios Blicke auf der lieblichen Gestalt. Eine seltsame Verblendung hatte bisher seine Augen wie mit einem Zaubernebel umfangen. Nun erstaunte er ordentlich, wie schön sie war! Er sprach vielerlei gerührt und mit tiefer Innigkeit zu ihr. Da ritt sie, ganz überrascht von dem unverhofften Glück, und in freudiger Demut, als verdiene sie solche Gnade nicht, mit niedergeschlagenen Augen, schweigend neben ihm her. Nur manchmal blickte sie unter den langen schwarzen Augen-

wimpern nach ihm hinauf, die ganze klare Seele lag in
dem Blick, als wollte sie bittend sagen: „Täusche mich
nicht wieder!"
Sie waren unterdes auf einer luftigen Höhe angelangt,
hinter ihnen versank die Stadt Lucca mit ihren dunkeln
Türmen in dem schimmernden Duft. Da sagte Florio, zu
Bianka gewendet: Ich bin wie neugeboren, es ist mir, als
würde noch alles gut werden, seit ich Euch wiedergefunden. Ich möchte niemals wieder scheiden, wenn Ihr es
vergönnt. –
Bianka blickte ihn statt aller Antwort selber wie fragend,
mit ungewisser, noch halb zurückgehaltener Freude an
und sah recht wie ein heiteres Engelsbild auf dem tiefblauen Grunde des Morgenhimmels aus. Der Morgen schien
ihnen, in langen goldenen Strahlen über die Fläche schießend, gerade entgegen. Die Bäume standen hell angeglüht, unzählige Lerchen sangen schwirrend in der klaren
Luft. Und so zogen die Glücklichen fröhlich durch die
überglänzten Auen in das blühende Mailand hinunter.

Anhang

1. Kurzbiografie Josephs von Eichendorff

Eichendorff, der aus einer alten Adelsfamilie stammt, ist ganz Kind seiner Zeit. Er kann sich nicht ausdrücklich nur als Berufsschriftsteller Lohn und Brot verdienen, sondern hat einen Posten am Gericht und schreibt nebenher. Zeugnis davon ist der folgende Briefauszug:

An Ludwig Sigismund Ruhl, 9. Januar 1822

„Das ist eben das Wunderbare, diese Sehnsucht nach dem Unerreichbaren, und könnte diese jemals befriedigt werden, so wäre es mit der Kunst aus. – Mir lässt mein Amt jetzt
5 leider nicht viel Muße zum Dichten, es ist schwer, zweien Herren zu dienen. Doch die Zeit gibt immer mehr Fertigkeit, und die größere Fertigkeit dann wieder mehr Zeit, und so hoffe ich mich wohl noch leidlich einzurichten."[1]

Er macht gleichzeitig Karriere in beiden Berufssparten und kann am Ende seines Lebens auf ein umfangreiches schriftstellerisches Werk zurückblicken, an dem sein Herz wohl eher gehangen hat. Allerdings ist der Großteil seines Lebens durch Geldsorgen geprägt, da er nicht mehr auf das Vermögen seiner Familie zurückgreifen kann.

Joseph Freiherr von Eichendorff (10.03.1788 – 26.11.1857)

Joseph Freiherr von Eichendorff wird am 10. März **1788** auf Schloss Lubowitz bei Ratibor in Oberschlesien geboren. Zusammen mit seinem zwei Jahre älteren Bruder Wilhelm erhält er eine aristokratisch-katholische Erziehung durch geistliche

---

[1] Zitiert nach: Martin und Ulrike Hollender (Hrg.): Eichendorff zum Vergnügen Stuttgart: Reclam 1998, S. 114

Hauslehrer. **1805** legt er seine letzte Prüfung am Katholischen Gymnasium in Breslau ab. Teilweise besucht er während dieser Zeit bis zu vier Theatervorstellungen pro Tag und bildet seine Neigung zur Literatur immer weiter aus. Zahlreiche Gedichte und andere Entwürfe zeugen davon. Die Brüder Eichendorff beginnen noch im gleichen Jahr das juristische Studium in Halle. Im Frühherbst unternehmen sie eine große Fußwanderung durch den Harz nach Hamburg und Lübeck. **1807** setzen die Brüder ihr Studium in Heidelberg fort. Dort lernt Joseph von Eichendorff den jungen romantischen Dichter Otto Heinrich Graf von Loeben kennen, mit dem ihn fortan eine enge Freundschaft verbindet. Im April **1808** schließt eine Parisreise der Brüder die Heidelberger Studienzeit ab. Im Sommer kehren sie nach Lubowitz zurück, wo sie den Vater in seinen geschäftlichen Tätigkeiten unterstützen. Vermutlich entstehen noch in diesem Jahr erste Entwürfe von „Marien-Sehnsucht", „Das Marmorbild" sowie die erste vollendete Prosaarbeit „Die Zauberei im Herbste". Gegen den Willen seiner Mutter verlobt sich Joseph nach kleineren Liebschaften **1809** mit Luise von Larisch, die von einem Nachbargut stammt. Im Anschluss daran erfolgt eine Reise nach Berlin, wo die Brüder die Bekanntschaft mit Achim von Arnim, Clemens Brentano, Heinrich von Kleist und Adam Müller machen. Während dieses Aufenthalts wird Joseph schwer krank. Gleichzeitig plagen seine Familie Geldsorgen. Dennoch setzen die Brüder zwischen **1810 und 1812** das juristische Studium in Wien fort. Dort pflegt der jüngere seine Leidenschaft für Theater und Literatur weiter. Er schreibt Gedichte und arbeitet an seinem Roman „Ahnung und Gegenwart". Im Jahre **1812** besteht er das erste juristische Staatsexamen mit Auszeichnung. Die gemeinsame Zeit mit seinem Bruder Wilhelm endet, denn Joseph

Joseph von Eichendorff. Jugendbildnis, 1809

meldet sich **1813** freiwillig beim Lützow'schen Korps, um an den Befreiungskriegen teilzunehmen. Er bestreitet jedoch kein Gefecht. In Berlin kommt es dann zu einer ersten Begegnung mit Fouqué, der **1814** seinen Roman „Ahnung und Gegenwart" an den Nürnberger Verleger Schrag vermittelt. Erst jetzt legt er auch sein Pseudonym Florens ab, das er seit 1808 getragen hat. Nach der Entlassung aus der Armee ist Eichendorff um eine Anstellung bemüht. Auf Vorschlag Fouqués entstehen eine Reihe von Gedichten. Während dieser Zeit versucht sein Vater verzweifelt, die Zwangsversteigerung des Familienbesitzes abzuwenden.

1815 wird er eine Zeit lang beim Kriegsministerium angestellt. Er heiratet am 7. April seine Verlobte Luise und noch in demselben Jahr kommt sein Sohn Hermann auf die Welt. Nach erfolgreicher Ablegung eines Referendarexamens tritt er im Dezember **1816** in Breslau seinen Referendardienst an – wie üblich ohne Bezüge. Die Geldsorgen der Familie werden immer bedrückender. Er bemüht sich **1817** vergeblich um eine Professur für Geschichte. Dennoch vergrößert sich seine kleine Familie: Am 9. Mai wird seine Tochter Marie Therese Alexandrine in Breslau geboren. Weitere Gedichte erscheinen und am 2. Dezember schickt er das Manuskript des „Marmorbildes" an Fouqué. Eichendorff bewirbt sich um den Landratsposten des neuen Kreises von Rybnik, scheitert jedoch. Die Arbeit am „Taugenichts" beginnt. **1818** stirbt sein Vater und „Das Marmorbild" erscheint. Am 19. April **1819** wird sein drittes Kind, Rudolf Joseph Julius, geboren. Die Familiengüter werden mit Ausnahme von Sedlnitz in den folgenden Jahren zwangsversteigert. Eichendorff legt die große Staatsprüfung in Berlin ab und wird Assessor in Breslau. Es folgen im preußischen Staatsdienst die Stationen Danzig (1821), Königsberg (1824) und Berlin (1831).

1821 wird Eichendorffs Tochter Agnes Clara Augusta geboren. Am 5. April **1822** stirbt seine Mutter auf Schloss Lubowitz, das im November **1823** zwangsversteigert wird. Folgende Werke erscheinen recht schnell hintereinander: die dramatische Satire „Krieg den Philistern" (1823), die Sammelpublikation „Aus dem Leben eines Taugenichts" und „Das Marmorbild". Zwei Novellen nebst einem Anhange von Liedern und Romanzen von Joseph Freiherrn von Eichendorff" (1826), die satirische Tragödie mit Gesang "Meierbeths Glück und Ende" (1827), das historische Trauerspiel "Enzelin von Romano" (1828), das Trauerspiel "Der letzte Held von Marienburg" (1830). Im Jahre **1832** gelingt es Eichendorff endlich, als Regierungsrat an das Kultusministerium nach Berlin zu kommen. In demselben Jahr erscheint die satirische Erzählung "Viel Lärm um nichts". Sein erfolgreichstes Bühnenstück "Die Freier" erscheint zur Ostermesse **1833**, gefolgt von dem Roman "Dichter und ihre Gesellen" (1834). Weitere Erscheinungen in den folgenden Jahren sind: die Novelle "Das Schloss Dürande" und Gedichte (1836), die Novelle "Die Entführung" (1839), eine Übersetzung aus dem Spanischen: "Graf Lucanor" (1840), die Novelle "Die Glücksritter" (1840).

1841 erfolgt die Ernennung zum Geheimen Regierungsrat. Im darauf folgenden Jahr (1841/42) erscheint die erste Gesamtausgabe der "Werke" in vier Bänden. Nach einer schweren Lungenentzündung wird Eichendorff **1844** nach Danzig beurlaubt und schreibt dort die Abhandlung "Die Wiederherstellung des Schlosses der deutschen Ordensritter zu Marienburg". Auf eigenen Wunsch lässt er sich im Alter von 56 Jahren pensionieren. Fortan schreibt er vor allem literarhistorische Schriften. **1855** siedelt die Familie nach Neisse über, am 3. Dezember stirbt seine Frau Luise. Zwei Jahre später stirbt auch Eichendorff am 26. November **1857**.

2. Hintergrundinformationen zur Epoche der Romantik

Die Romantiker stehen im Zeichen einer Selbstkritik der neuzeitlichen Aufklärung. Dabei galt ihnen der Philister, der Spießbürger, als Repräsentant dieser Denk- und Lebensweise.
Sie erlebten ihre Zeit als eine Phase des Umbruchs, der Brüchigkeit der alten Strukturen. Auf diese Krise haben sie in ihrer Kunst unterschiedliche Antworten gefunden. In einer Welt, in der die Ständegesellschaft und das absolutistische System prägend waren, versuchten die Romantiker, die verloren gegangene Einheit der Welt in den Märchen und Sagen, den Volksliedern und in der Glorifizierung des Mittelalters, in dem sie etwas Ursprüngliches sahen, zu finden.

Die Epoche im Überblick

Der Begriff

„Romantisch" stammt etymologisch aus den altfranzösischen Substantiven „romanz", „roman" und bezeichnet die in der Volkssprache (im Unterschied zum gepflegten Latein) geschriebenen höfischen Versromane; die *Sprachbezeichnung* wird schließlich als *Gattungsbegriff* verwendet. Im 17. Jahrhundert bedeutete „romantisch" demgemäß „wie in Romanen", und zwar wurde das Wort im pejorativen[1] Sinn gebraucht. Gegen Ende des 18. Jahrhunderts (die Aufklärungspoetik hatte zu einer Aufwertung bzw. Rechtfertigung des Wunderbaren, Fantastischen beigetragen) hatte das Wort eine sentimentale Bedeutung; in diesem Sinne spricht Werther von der „lieben romantischen Höhle". In der Empfindsamkeit war das Romantische dem Nüchternen, Philisterhaften entgegengesetzt; diesen Wortgebrauch griffen die Romantiker auf. August Wilhelm Schlegel allerdings

---
[1] pejorativ = bedeutungsverschlechternd, abwertend

verstand den Begriff *historisch* zur Bezeichnung der mittelalterlichen und neuzeitlichen im Gegensatz zur klassisch-antiken Literatur. Eine andere Bedeutung erhielt der Begriff bei Friedrich Schlegel und Novalis, für die Poesie im Gegensatz zur Nachahmung der Natur (Wirklichkeitsabbildung) stand; romantisch war in diesem Sinne gleichbedeutend mit poetisch.

Die Ideen

Die Romantik steht im Zeichen einer *Selbstkritik der neuzeitlichen Aufklärung,* sofern sich diese Rationalität als Herrschaft ökonomischer, zweckrationaler Denkweisen versteht. Der Philister galt den Romantikern als Repräsentant dieser Denk- und Lebensweise. Die Romantiker erlebten ihre Zeit als eine Phase des Umbruchs, der Brüchigkeit der alten politischen, wirtschaftlichen und gesellschaftlichen Strukturen; sie lebten in einer politischen Bewusstseins- und Systemkrise, auf die sie mit ihrer Kunst auf unterschiedliche Weise antworteten.

Die Epoche

In der Literaturgeschichte unterscheidet man drei verschiedene Phasen: die *Frühromantik,* die *Hochromantik* und die *Spätromantik.* Ein großer Teil der zur *Frühromantik* (1797–1804) gerechneten Dichter hatte sich 1798 in Dresden getroffen; ein Jahr später kam es zur Begegnung in Jena. 1798 begannen die Brüder Schlegel mit der Herausgabe der Zeitschrift „Athenäum".
1806 war das Jahr des preußischen Zusammenbruchs nach der Niederlage bei Jena und Auerstedt. Eine andere Gruppe von Dichtern – zwischen den Gruppierungen gab es Verbindungen – hatte 1805/06 eine Sammlung von Volksliedern unter dem Titel „Des Knaben Wunderhorn" herausgegeben. Achim von Arnim und Clemens Brentano, die beiden Herausgeber, gehörten zu dem Zentrum, das in Heidelberg entstand *(Heidelberger oder Hochromantik,* etwa 1805–1815); ihnen ging es darum, durch den Rückgriff auf die volkstümliche Literatur die schöpferischen Kräfte des

deutschen „Volksgeistes" zu wecken. Auch Berlin war Mittelpunkt romantischer Gruppierungen: August Wilhelm und Friedrich Schlegel, Adelbert von Chamisso, E.T.A. Hoffmann, Achim von Arnim und Clemens Brentano sowie Heinrich
5 von Kleist gehörten – zu unterschiedlichen Zeiten – dazu. Der Widerspruch zwischen der Sehnsucht nach Poesie und der Prosa des bürgerlichen Alltags prägte noch einmal im romantischen Sinne nach 1820 veröffentlichte Dichtungen, z.B. von Joseph von Eichendorff, den man der Spätromantik
10 zuordnet, der aber im Bewusstsein der späteren Leser der ‚romantischste' Dichter geworden ist.

Europäische Romantik

[Sie] konstituierte sich in der Rückbesinnung auf die nationalen Traditionen (Rousseau, Shakespeare, Calderón u.a.)
15 unter dem Einfluss deutscher Ideen und literarischer Beispiele, erhielt aber in jedem Land ein eigentümliches Gepräge.

Aus: Peter Mettenleiter/Stephan Knöbl (Hg.): Blickfeld Deutsch Oberstufe. Paderborn: Schöningh 2003, S. 273

Friedrich Schlegel: Romantische Universalpoesie

Die romantische Poesie ist eine progressive Universalpoesie. Ihre Bestimmung ist nicht bloß, alle getrennten Gattungen der Poesie wieder zu vereinigen, und die Poesie mit der Philosophie und Rhetorik in Berührung zu setzen. Sie will,
5 und soll auch Poesie und Prosa, Genialität und Kritik, Kunstpoesie und Naturpoesie bald mischen, bald verschmelzen, die Poesie lebendig und gesellig, und das Leben und die Gesellschaft poetisch machen, den Witz poetisieren, und die Formen der Kunst mit gediegnem Bildungsstoff jeder Art
10 anfüllen und sättigen, und durch die Schwingungen des Humors beseelen. Sie umfasst alles, was nur poetisch ist, vom größten wieder mehrere Systeme in sich enthaltenden Systeme der Kunst, bis zu dem Seufzer, dem Kuss, den das dichtende Kind aushaucht in kunstlosen Gesang. [...] Andre

Dichtarten sind fertig, und können nun vollständig zergliedert werden. Die romantische Dichtart ist noch im Werden; ja das ist ihr eigentliches Wesen, dass sie ewig nur werden, nie vollendet sein kann. Sie kann durch keine Theorie erschöpft werden, und nur eine divinatorische[1] Kritik dürfte es wagen, ihr Ideal charakterisieren zu wollen. Sie allein ist unendlich, wie sie allein frei ist, und das als ihr erstes Gesetz anerkennt, dass die Willkür des Dichters kein Gesetz über sich leide. Die romantische Dichtart ist die einzige, die mehr als Art, und gleichsam die Dichtkunst selbst ist: denn in einem gewissen Sinn ist oder soll alle Poesie romantisch sein. (e 1798)

Zitiert nach: W. Rasch: Kritische Schriften. München: Hauser Verlag 1964

Gedanken zur Poetik

Exemplarische Aussagen

1. „Denn das ist der Anfang aller Poesie, den Gang und die Gesetze der vernünftig denkenden Vernunft aufzuheben und uns wieder in die schöne Verwirrung der Fantasie, in das ursprüngliche Chaos der menschlichen Natur zu versetzen." (F. Schlegel, Gespräch über die Poesie)
2. „Ich möchte fast sagen, das Chaos muss in jeder Dichtung durch den regelmäßigen Flor der Ordnung schimmern." (Novalis, Heinrich von Ofterdingen)
3. „Die Welt muss romantisiert werden. So findet man den ursprünglichen Sinn wieder. Romantisieren ist nichts als eine qualitative Potenzierung. Das niedere Selbst wird mit einem bessern Selbst in dieser Operation identifiziert. […] Indem ich dem Gemeinen einen hohen Sinn, dem Bekannten die Würde des Unbekannten, dem Endlichen einen unendlichen Schein gebe, so romantisiere ich es." (Novalis, Neue Fragmente)
4. „Alle Märchen sind nur Träume von jener heimatlichen Welt, die überall und nirgends ist." (Novalis, Neue Fragmente)

---
[1] divinatorisch (lat.: divinativ = Ahnung, Sehergabe): seherisch

5. „Erzählungen ohne Zusammenhang, jedoch mit Assoziationen wie Träume. Gedichte – bloß wohlklingend und voll schöner Worte – aber auch ohne allen Sinn und Zusammenhang – höchstens einzelne Strophen verständlich – sie müssen wie lauter Bruchstücke aus den verschiedenartigsten Dingen sein." (Novalis, Neue Fragmente)

Joseph von Eichendorff: Wünschelrute (1838)

Schläft ein Lied in allen Dingen,
Die da träumen fort und fort,
Und die Welt hebt an zu singen,
Triffst du nur das Zauberwort.

Zitiert nach: Johannes Diekhans (Hg.): Romantik. Unterrichtsmodell, erarbeitet von Markus Apel, Paderborn: Schöningh ⁵2008, S. 18

3. Motive der Romantik in Gedichten und in der Bildenden Kunst

Joseph von Eichendorff: Das zerbrochene Ringlein (1813)

In einem kühlen Grunde
Da geht ein Mühlenrad,
Mein Liebste ist verschwunden,
Die dort gewohnet hat.

Sie hat mir Treu versprochen, 5
Gab mir ein'n Ring dabei,
Sie hat die Treu gebrochen,
Mein Ringlein sprang entzwei.

Ich möcht als Spielmann reisen
Weit in die Welt hinaus, 10
Und singen meine Weisen,
Und gehn von Haus zu Haus.

Ich möchte als Reiter fliegen
Wohl in die blut'ge Schlacht,
Um stille Feuer liegen 15
Im Feld bei dunkler Nacht.

Hör ich das Mühlrad gehen:
Ich weiß nicht, was ich will –
Ich möcht am liebsten sterben,
Da wär's auf einmal still! 20

Zitiert nach: Mettenleiter/Knöbel (Hg.): Blickfeld Deutsch
Oberstufe, Paderborn: Schöningh ³2003, S. 242

Joseph von Eichendorff: Sehnsucht (1834)

Es schienen so golden die Sterne,
Am Fenster ich einsam stand
Und hörte aus weiter Ferne
Ein Posthorn im stillen Land.
Das Herz mir im Leib entbrennte, 5
Da hab ich mir heimlich gedacht:

Ach, wer da mitreisen könnte
In der prächtigen Sommernacht!

Zwei junge Gesellen gingen
Vorüber am Bergeshang,
5 Ich hörte im Wandern sie singen
Die stille Gegend entlang:
Von schwindelnden Felsenschlüften,
Wo die Wälder rauschen so sacht,
Von Quellen, die von den Klüften
10 Sich stürzen in die Waldesnacht.

Sie sangen von Marmorbildern,
Von Gärten, die überm Gestein
In dämmernden Lauben verwildern,
Palästen im Mondenschein,
15 Wo die Mädchen am Fenster lauschen,
Wann der Lauten Klang erwacht
Und die Brunnen verschlafen rauschen
In der prächtigen Sommernacht. –

Zitiert nach: Mettenleiter/Knöbel (Hg.): Blickfeld Deutsch
Oberstufe, Paderborn: Schöningh ³2003, S. 238

Joseph von Eichendorff: Abschied (1815)

O Täler weit, o Höhen,
O schöner, grüner Wald,
Du meiner Lust und Wehen
Andächt'ger Aufenthalt!
5 Da draußen, stets betrogen,
Saust die geschäft'ge Welt,
Schlag noch einmal die Bogen
Um mich, du grünes Zelt!

Wenn es beginnt zu tagen,
10 Die Erde dampft und blinkt,
Die Vögel lustig schlagen,
Dass dir dein Herz erklingt:
Da mag vergehn, verwehen
Das trübe Erdenleid,

Da sollst du auferstehen
In junger Herrlichkeit!

Da steht im Wald geschrieben
Ein stilles, ernstes Wort
Von rechtem Tun und Lieben,
Und was des Menschen Hort.
Ich habe treu gelesen
Die Worte, schlicht und wahr,
Und durch mein ganzes Wesen
Ward's unaussprechlich klar.

Bald werd ich dich verlassen,
Fremd in der Fremde gehn,
Auf buntbewegten Gassen
Des Lebens Schauspiel sehn;
Und mitten in dem Leben
Wird deines Ernsts Gewalt
Mich Einsamen erheben,
So wird mein Herz nicht alt.

Zitiert nach: Mettenleiter/Knöbel (Hg.): Blickfeld Deutsch
Oberstufe, Paderborn: Schöningh ³2003, S. 244

Clemens Brentano:
Sprich aus der Ferne (1800)

Sprich aus der Ferne
Heimliche Welt,
Die sich so gerne
Zu mir gesellt.

Wenn das Abendrot niedergesunken,
Keine freudige Farbe mehr spricht,
Und die Kränze still leuchtender Funken
Die Nacht um die schattige Stirne flicht:

Wehet der Sterne
Heiliger Sinn
Leis durch die Ferne
Bis zu mir hin.

Wenn des Mondes still lindernde Tränen
Lösen der Nächte verborgenes Weh;
Dann wehet Friede. In goldenen Kähnen
Schiffen die Geister im himmlischen See.

5 Glänzender Lieder
Klingender Lauf
Ringelt sich nieder,
Wallet hinauf.

Wenn der Mitternacht heiliges Grauen
10 Bang durch die dunklen Wälder hinschleicht,
Und die Büsche gar wundersam schauen,
Alles sich finster tiefsinnig bezeugt:

Wandelt im Dunkeln
Freundliches Spiel,
15 Still Lichter funkeln
Schimmerndes Ziel.

Alles ist freundlich wohlwollend verbunden,
Bietet sich tröstend und traurend die Hand,
Sind durch die Nächte die Lichter gewunden,
20 Alles ist ewig im Innern verwandt.

Sprich aus der Ferne
Heimliche Welt,
Die sich so gerne
Zu mir gesellt.

Zitiert nach: Mettenleiter/Knöbel (Hg.): Blickfeld Deutsch Oberstufe,
Paderborn: Schöningh ³2003, S. 242

Caspar David Friedrich: Mann und Frau den Mond betrachtend (um 1824)

Caspar David Friedrich (1774 – 1840) gilt als einer der bedeutendsten Maler der deutschen Frühromantik, die er zusammen mit Philipp Otto Runge nachhaltig beeinflusste. Seine Werke thematisieren häufig Natur- und Landschaftsdarstellungen.

Caspar David Friedrich: Wanderer über dem Nebelmeer (um 1817)

4. Dokumente zur Entstehungsgeschichte

Den deutschen Schriftsteller französischer Abstammung Friedrich Heinrich Karl de la Motte-Fouqué (Pseudonym: Pellegrin), der von 1777 bis 1843 lebte, verband nicht nur eine Freundschaft mit Joseph von Eichendorff, sondern er war zeitweise auch sein Verleger. Dadurch lässt sich erklären, warum beide Männer gerade bei der Entwicklung des „Marmorbildes" recht engen Briefkontakt pflegten. Die vorliegenden Auszüge aus diesem Briefverkehr zeugen davon.

1. Friedrich und Karoline de la Motte-Fouqué an Eichendorff, Nennhausen bei Rathenow in der Kurmark Brandenburg, am 26.11.1814:

„Meinen herzlichsten Gruß und Dank zuvörderst, lieber Waffenbruder, für das freundliche Vertrauen, mit welchem Sie mir Ihre Dichtung [Ahnung und Gegenwart] in die Hände legen. [...] Noch eine Bitte. Senden Sie mir doch Beiträge für den nächsten Jahrgang meines Frauentaschenbuches und verschaffen Sie mir deren von Ihrem Herrn Bruder ..."

2. An Friedrich de la Motte-Fouqué in Nennhausen, Breslau, 15.06.1816:

„... Zugleich wage ich wieder einige Gedichte für das nächste Frauentaschenbuch beizufügen. Es schmerzt mich recht, Ihnen für den Augenblick nichts Bedeutenderes bieten zu können ..."

3. An Friedrich de la Motte-Fouqué in Nennhausen, Breslau, 15.03.1817:

„Verehrtester Herr Baron.

[…] Ich war soeben im Begriff, Ihnen eine Novelle zuzusenden, die ich für das Frauentaschenbuch geschrieben habe. Da aber, wie Sie sagen, dies Jahr der Raum für größere Aufsätze schon zu sehr beengt ist, so behalte ich es mir vor, sie Ihnen später einmal zu schicken. Einige Lieder dagegen folgen heute mit. […] Was mich selber anbetrifft, so geht es mir ziemlich gut. Ich bin nun als Referendar bei der hiesigen Regierung angestellt, und was ich dadurch an Zeit verliere, habe ich doppelt an Ruhe und entschlossnerem Zusammendrängen meiner Kräfte gewonnen. Und so kann mit Gottes Hilfe noch alles gut werden. Ich habe einige kleine Geschichten geschrieben und Größeres angefangen und bitte nur herzlich um die fernere Erlaubnis, Ihnen beiden, was ich dichte, von Zeit zu Zeit darbringen zu dürfen. Denn ich sage es wiederholt: ich weiß niemand, dessen Urteil mir wichtiger und dessen Beifall mir lieber wäre. …"

4. Friedrich de la Motte-Fouqué an Eichendorff, Nennhausen am 10.04.1817:

„Sie haben mir mit Ihren anmutigen Liedern viele Freude gemacht, lieber Eichendorff, und ich werde wo möglich alles zur Ausschmückung meines nächsten Frauentaschenbuches benutzen. Sollte die Beschränkung des Raumes eins oder das andre zurückdrängen, so erlauben Sie mir wohl, es – zur Anwendung für künftigen Jahrgang – im Archive zu behalten? So würden Sie mich auch sehr verpflichten, wenn Sie mir Ihre Novelle gleich senden wollten. Ich hätte den Genuss umso früher, und könnte Ihrer Gabe den Platz in der nächstfolgenden Blumensammlung umso überlegter anweisen. …"

5. An Friedrich de la Motte-Fouqué in Nennhausen, Breslau, 2.12.1817:

„Verehrtester Herr Baron.

Ihrer gütigen Erlaubnis zufolge, wag ich es, Ihnen wieder etwas von meiner Poesie zuzuschicken, eine Novelle oder Märchen, zu dem irgendeine Anekdote aus einem alten Buche, ich glaube es waren Happelii Curiositates, die entfernte Veranlassung, aber weiter auch nichts, gegeben hat. Da mir nunmehr die Gegenwart in tausend verdrießlichen und eigentlich für alle Welt unersprießlichen Geschäften in eine fast lächerliche Nähe gerückt ist, gleichwie man ein großes Fresko-Gemälde nur aus einiger Entfernung betrachten muss, wenn man nicht vor den einzelnen groben Strichen erschrecken soll, so habe ich an vorliegendem Märchen versucht, mich in die Vergangenheit und in eine fremde Himmelsrichtung zu flüchten, und betrachte dasselbe als einen Spaziergang in amtsfreien Stunden ins Freie hinaus. Ob ich nun auf einem so verzweifelten Spaziergang den Weg ins Freie und in die alte poetische Heimat gefunden habe, ob sich nicht vielmehr Aktenstaub statt Blumenstaub angesetzt hat, und ob demnach die ganze Novelle, so wie sie ist, der Aufnahme in Ihr schönes Frauentaschenbuch gewürdigt werden darf, überlasse ich, Herr Baron, Ihrem und Ihrer Frau Gemahlin bewährten Urteil, dem ich so gerne und unbedingt vertraue. [...] Mit innigster Verehrung
Ew. Hoch- und Wohlgeboren
ergebenster Freund und Diener
Joseph B[aron] v. Eichendorff
Breslau, den 2. Dezember 1817."

Zitiert nach: Ursula Regener: Erläuterungen und Dokumente. Joseph von Eichendorff: Das Marmorbild, Stuttgart: Reclam 2004, S. 51–55

5. Materialien zur Deutung

Frauenbilder der Zeit – Das Venusmotiv

Friedrich de la Motte-Fouqué: Undine (1811)

Als bedeutendstes Werk des Schriftstellers gilt unter Literaturkritikern „Undine" (Berlin 1811), eine Erzählung, die auf ein in zahlreichen Sagen und Märchen vorkommendes Motiv zurückgreift. Ein Wesen aus dem Reich der Feen und Geister, hier eine Nixe, wird dem Ritter Huldbrand, der sich in sie verliebt, zum Verhängnis. Er wird ihr untreu, was zur Folge hat, dass Undine ihn schließlich durch einen Kuss tötet.
Friedrich de la Motte-Fouqué veröffentlichte die Erzählung 1811 in seiner Zeitschrift „Jahreszeiten" und noch im selben Jahr als Buch, dem er ein Gedicht an seine Heldin voranstellte. Das Buch wurde in viele Sprachen übersetzt. Es ist anzunehmen, dass es spätere literarische Arbeiten beeinflusst hat: Hans Christian Andersens „Die kleine Meerjungfrau", Oscar Wildes „Der Fischer und seine Seele", Ingeborg Bachmanns „Undine geht".

„Du sollst wissen, mein süßer Lieblich [gemeint ist der Ritter Huldbrand], dass es in den Elementen Wesen gibt, die fast aussehen wie ihr und sich doch nur selten vor euch blicken lassen. In den Flammen glitzern und spielen die wunderlichen Salamander, in der Erden tief hausen die dürren tückischen Gnome, durch die Wälder streifen die Waldleute, die der Luft angehören, und in den Seen und Strömen und Bächen lebt der Wassergeister ausgebreitetes Geschlecht. [...] Die aber dort wohnen, sind gar hold und lieblich anzuschauen, meist schöner als die Menschen sind. Manch einem Fischer ward es schon so gut, ein zartes Wasserweib zu belauschen, wie sie über die Fluten hervorstieg und sang. Der erzählte dann von ihrer Schöne weiter, und solche wundersame Frauen werden von den Menschen Undinen genannt. Du aber siehst jetzt wirklich eine Undine, lieber Freund." [...] „Wir sind unsresgleichen in den andern Elementen, wir zerstieben und vergehen mit Geist und Leib, dass keine Spur von uns rückbleibt, und wenn ihr andern dermaleinst zu einem reinen Leben erwacht, sind wir geblieben, wo Sand und Funk' und Wind und Welle blieb. Darum haben wir auch keine Seelen; [...] Eine Seele aber kann unsersgleichen nur durch den innigsten Verein der Liebe mit einem eures Geschlechtes gewinnen. Nun bin ich beseelt, dir dank ich die Seele, o du unaussprechlich Geliebter, und dir werd' ich es danken, wenn du mich auch mein ganzes Leben hindurch elend machst. Denn was soll aus mir werden, wenn du mich scheust und mich verstößest? Durch Trug aber mocht' ich dich nicht behalten."

Aus: Friedrich de la Motte-Fouqué: Undine, Stuttgart: Reclam 1987, S. 43 ff.

Ludwig Tieck: Der getreue Eckhart und der Tannhäuser (1799)

In der zweiteiligen Erzählung verschwindet Tannhäuser im zweiten Teil plötzlich spurlos. Er begegnet auf seiner Reise dem Teufel, der ihn ein Lied lehrt, das ihn zum Venusberg führen wird. Dort angekommen, gibt er sich den Genüssen hin.

Wie in einem unterirdischen Bergwerke war nun mein Weg. Der Steg war so schmal, dass ich mich hindurchdrängen musste, ich vernahm den Klang der verborgenen wandernden Gewässer, ich hörte die Geister, die die Erze und Gold und Silber bildeten, um den Menschengeist zu locken, ich fand die tiefen Klänge und Töne hier einzeln und verborgen, aus denen die irdische Musik entsteht; je tiefer ich ging, je mehr fiel es wie ein Schleier vor meinem Angesichte hinweg.
Ich ruhte aus und sah andre Menschengestalten heranwanken, mein Freund Rudolf war unter ihnen; ich begriff gar nicht, wie sie mir vorbeikommen würden, da der Weg so sehr enge war, aber sie gingen mitten durch die Steine hindurch, ohne dass sie mich gewahr wurden.
Alsbald vernahm ich Musik, aber eine ganz andre, als bis dahin zu meinem Gehör gedrungen war, meine Geister in mir arbeiteten den Tönen entgegen; ich kam ins Freie, und

wunderhelle Farben glänzten mich von allen Seiten an. Das war es, was ich immer gewünscht hatte. Dicht am Herzen fühlte ich die Gegenwart der gesuchten, endlich gefundenen Herrlichkeit, und in mich spielten die Entzückungen mit allen ihren Kräften hinein. So kam mir das Gewimmel der frohen heidnischen Götter entgegen, Frau Venus an ihrer Spitze, alle begrüßten mich; sie sind dorthin gebannt von der Gewalt des Allmächtigen, und ihr Dienst ist von der Erde vertilgt; nun wirken sie von dort in ihrer Heimlichkeit.

Alle Freuden, die die Erde beut, genoss und schmeckte ich hier in ihrer vollsten Blüte, unersättlich war mein Busen und unendlich der Genuss. Die berühmten Schönheiten der alten Welt waren zugegen, was mein Gedanke wünschte, war in meinem Besitz, eine Trunkenheit folgte der andern, mit jedem Tage schien um mich her die Welt in bunteren Farben zu brennen. Ströme des köstlichsten Weines löschten den grimmen Durst, und die holdseligsten Gestalten gaukelten dann in der Luft, ein Gewimmel von nackten Mädchen umgab mich einladend, Düfte schwangen sich bezaubernd um mein Haupt, wie aus dem innersten Herzen der seligsten Natur erklang eine Musik, und kühlte mit ihren frischen Wogen der Begierde wilde Lüsternheit; ein Grauen, das so heimlich über die Blumenfelder schlich, erhöhte den entzückenden Rausch. Wie viele Jahre so verschwunden sind, weiß ich nicht zu sagen, denn hier gab es keine Zeit und keine Unterschiede, in den Blumen brannte der Mädchen und der Lüste Reiz, in den Körpern der Weiber blühte der Zauber der Blumen, die Farben führten hier eine andre Sprache, die Töne sagten neue Worte, die ganze Sinnenwelt war hier in *einer* Blüte festgebunden, und die Geister drinnen feierten ewig einen brünstigen Triumph.

Zitiert nach der Ausgabe F. Schöningh, 1927

Ludwig Tieck: Der Runenberg (1812)

Christian, ein junger Jäger, lässt sich durch Gold, das ihm ein Fremder zur Verwahrung hinterlässt, verführen. Als dieser nach einer Jahresfrist nicht mehr auftaucht, behält Christian das Gold, leidet aber fortan unter Verfolgungswahn. Er ver-

*lässt seine Familie und verschwindet in einem Bergschacht.
Nach einem halben Jahr taucht er verwahrlost wieder auf.*

Plötzlich sah er ein Licht, das sich hinter dem alten Gemäuer zu bewegen schien. Er sah dem Scheine nach, und entdeckte, dass er in einen alten geräumigen Saal blicken konnte, der wunderlich verziert von mancherlei Gesteinen und Kristallen in vielfältigen Schimmern funkelte, die sich geheimnisvoll von dem wandelnden Lichte durcheinanderbewegten, welches eine große weibliche Gestalt trug, die sinnend im Gemache auf und nieder ging. Sie schien nicht den Sterblichen anzugehören, so groß, so mächtig waren ihre Glieder, so streng ihr Gesicht, aber doch dünkte dem entzückten Jünglinge, dass er noch niemals solche Schönheit gesehn oder geahnet habe. Er zitterte und wünschte doch heimlich, dass sie zum Fenster treten und ihn wahrnehmen möchte. Endlich stand sie still, setzte das Licht auf einen kristallenen Tisch nieder, schaute in die Höhe und sang mit durchdringlicher Stimme: […]
Als sie geendigt hatte, fing sie an sich zu entkleiden, und ihre Gewänder in einen kostbaren Wandschrank zu legen. Erst nahm sie einen goldenen Schleier vom Haupte, und ein langes schwarzes Haar floss in geringelter Fülle bis über die Hüften hinab; dann löste sie das Gewand des Busens, und der Jüngling vergaß sich und die Welt im Anschauen der überirdischen Schönheit. Er wagte kaum zu atmen, als sie nach und nach alle Hüllen löste; nackt schritt sie endlich im Saale auf und nieder, und ihre schweren schwebenden Locken bildeten um sie her ein dunkel wogendes Meer, aus dem wie Marmor die glänzenden Formen des reinen Leibes abwechselnd hervorstrahlten. Nach geraumer Zeit näherte sie sich einem andern goldenen Schranke, nahm eine Tafel heraus, die von vielen eingelegten Steinen, Rubinen, Diamanten und allen Juwelen glänzte, und betrachtete sie lange prüfend. Die Tafel schien eine wunderliche unverständliche Figur mit ihren unterschiedlichen Farben und Linien zu bilden; zuweilen war, nachdem der Schimmer ihm entgegenspiegelte, der Jüngling schmerzhaft geblendet, dann wieder besänftigten grüne und blau spielende Scheine sein Auge: er aber stand, die Gegenstände mit seinen Blicken verschlin-

gend, und zugleich tief in sich selbst versunken. In seinem Innern hatte sich ein Abgrund von Gestalten und Wohllaut, von Sehnsucht und Wollust aufgetan, Scharen von beflügelten Tönen und wehmütigen und freudigen Melodien zogen durch sein Gemüt, das bis auf den Grund bewegt war: er sah eine Welt von Schmerz und Hoffnung in sich aufgehen, mächtige Wunderfelsen von Vertrauen und trotzender Zuversicht, große Wasserströme, wie voll Wehmut fließend. Er kannte sich nicht wieder, und erschrak, als die Schöne das Fenster öffnete, ihm die magische steinerne Tafel reichte und die wenigen Worte sprach: „Nimm dieses zu meinem Angedenken!" Er fasste die Tafel und fühlte die Figur, die unsichtbar sogleich in sein Inneres überging, und das Licht und die mächtige Schönheit und der seltsame Saal waren verschwunden. Wie eine dunkle Nacht mit Wolkenvorhängen fiel es in sein Inneres hinein, er suchte nach seinen vorigen Gefühlen, nach jener Begeisterung und unbegreiflichen Liebe, er beschaute die kostbare Tafel, in welcher sich der untersinkende Mond schwach und bläulich spiegelte.

Aus: Ludwig Tieck: Der blonde Eckbert. Der Runenberg, Stuttgart: Reclam 2002, S. 34 ff.

E. T. A. Hoffmann: Der Sandmann (1817)

Der Student Anselmus wendet sich immer mehr der fiktiven Welt zu und von seinem Freund Lothar und seiner Verlobten Clara ab. Er erwirbt ein Fernglas, mit dem er hinter die Dinge schauen kann. Auf diese Weise verliebt er sich in eine automatische Holzpuppe, Olimpia, und verfällt mehr und mehr dem Wahnsinn.

Sowie die Brillen fort waren, wurde Nathanael ganz ruhig und an Clara denkend sah er wohl ein, dass der entsetzliche Spuk nur aus seinem Innern hervorgegangen, sowie dass Coppola ein höchst ehrlicher Mechanikus und Optikus, keineswegs aber Coppelii verfluchter Doppeltgänger und Revenant sein könne. Zudem hatten alle Gläser, die Coppola nun auf den Tisch gelegt, gar nichts Besonderes, am wenigsten so etwas Gespenstisches wie die Brillen und, um alles

wiedergutzumachen, beschloss Nathanael dem Coppola jetzt wirklich etwas abzukaufen. Er ergriff ein kleines sehr sauber gearbeitetes Taschenperspektiv und sah, um es zu prüfen, durch das Fenster. Noch im Leben war ihm kein Glas vorgekommen, das die Gegenstände so rein, scharf und deutlich dicht vor die Augen rückte. Unwillkürlich sah er hinein in Spalanzanis Zimmer: Olimpia saß, wie gewöhnlich, vor dem kleinen Tisch, die Arme darauf gelegt, die Hände gefaltet. – Nun erschaute Nathanael erst Olimpias wunderschön geformtes Gesicht. Nur die Augen schienen ihm gar seltsam starr und tot. Doch wie er immer schärfer und schärfer durch das Glas hinschaute, war es, als gingen in Olimpias Augen feuchte Mondesstrahlen auf. Es schien, als wenn nun erst die Sehkraft entzündet würde; immer lebendiger und lebendiger flammten die Blicke. Nathanael lag wie festgezaubert im Fenster, immer fort und fort die himmlischschöne Olimpia betrachtend. Ein Räuspern und Scharren weckte ihn, wie aus tiefem Traum. [...]
Nathanael fand eine Einladungskarte und ging mit hochklopfendem Herzen zur bestimmten Stunde, als schon die Wagen rollten und die Lichter in den geschmückten Sälen schimmerten, zum Professor. Die Gesellschaft war zahlreich und glänzend. Olimpia erschien sehr reich und geschmackvoll gekleidet. Man musste ihr schön geformtes Gesicht, ihren Wuchs bewundern. Der etwas seltsam eingebogene Rücken, die wespenartige Dünne des Leibes schien von zu starkem Einschnüren bewirkt zu sein. In Schritt und Stellung hatte sie etwas Abgemessenes und Steifes, das manchem unangenehm auffiel; man schrieb es dem Zwange zu, den ihr die Gesellschaft auflegte. Das Konzert begann. Olimpia spielte den Flügel mit großer Fertigkeit und trug ebenso eine Bravourarie mit heller, beinahe schneidender Glasglockenstimme vor. Nathanael war ganz entzückt; er stand in der hintersten Reihe und konnte im blendenden Kerzenlicht Olimpias Züge nicht ganz erkennen. Ganz unvermerkt nahm er deshalb Coppolas Glas hervor und schaute hin nach der schönen Olimpia. Ach! – da wurde er gewahr, wie sie voll Sehnsucht nach ihm herübersah, wie jeder Ton erst deutlich aufging in dem Liebesblick, der zündend sein Inneres durchdrang. Die künstlichen Rouladen schienen dem Nathanael

das Himmelsjauchzen des in Liebe verklärten Gemüts, und als nun endlich nach der Kadenz der lange Trillo recht schmetternd durch den Saal gellte, konnte er wie von glühenden Armen plötzlich erfasst sich nicht mehr halten, er musste vor Schmerz und Entzücken laut aufschreien: „Olimpia!" – Alle sahen sich um nach ihm, manche lachten. Der Domorganist schnitt aber noch ein finstreres Gesicht, als vorher und sagte bloß: „Nun, nun!" – Das Konzert war zu Ende, der Ball fing an. „Mit ihr zu tanzen! – Mit ihr!" Das war nun dem Nathanael das Ziel aller Wünsche, alles Strebens; aber wie sich erheben zu dem Mut, sie, die Königin des Festes, aufzufordern? Doch! – er selbst wusste nicht wie es geschah, dass er, als schon der Tanz angefangen, dicht neben Olimpia stand, die noch nicht aufgefordert worden, und dass er, kaum vermögend einige Worte zu stammeln, ihre Hand ergriff. Eiskalt war Olimpias Hand, er fühlte sich durchbebt von grausigem Todesfrost, er starrte Olimpia ins Auge, das strahlte ihm voll Liebe und Sehnsucht entgegen und in dem Augenblick war es auch, als fingen an in der kalten Hand Pulse zu schlagen und des Lebensblutes Ströme zu glühen. Und auch in Nathanaels Innerm glühte höher auf die Liebeslust, er umschlang die schöne Olimpia und durchflog mit ihr die Reihen. –

Aus: E.T.A. Hoffmann: Der Sandmann. Erzählung, hg. von J. Diekhans, Paderborn: Schöningh, 42008, S. 31 – 35

Die Bianka-Venus-Parallele

Beim Maskenball wird Florios Wahrnehmung durch ein doppeltes Bild (Bianka, Venus) geprüft. Seine Sinneseindrücke verschwimmen. Hierzu findet sich in der Bildenden Kunst ein bekanntes Beispiel: Auf dem Gemälde „Himmlische und irdische Liebe" (1515) stellt Tizian (1488 – 1576) eine nackte (himmlische) und eine bekleidete (irdische) Frauengestalt am Brunnen dar.

Tizian: Himmlische und irdische Liebe (1515),
Öl auf Leinwand

„Die blaue Blume" als Symbol der Sehnsucht

In dem Roman „Heinrich von Ofterdingen" (1802) des Frühromantikers Novalis, eigentlich Georg Friedrich Philipp Freiherr von Hardenberg, wird bereits am Anfang eine blaue Blume als Ziel aller Sehnsucht beschrieben. Auf diese Blume bezieht sich Eichendorff, wenn er Florio bei seinem nächtlichen Spaziergang eine Wunderblume sehen lässt.

Die Eltern lagen schon und schliefen, die Wanduhr schlug ihren einförmigen Takt, vor den klappernden Fenstern sauste der Wind; abwechselnd wurde die Stube hell von dem Schimmer des Mondes. Der Jüngling lag unruhig auf seinem Lager, und gedachte des Fremden und seiner Erzählungen. Nicht die Schätze sind es, die ein so unaussprechliches Verlangen in mir geweckt haben, sagte er zu sich selbst; fern ab liegt mir alle Habsucht: aber die blaue Blume sehn' ich mich zu erblicken. Sie liegt mir unaufhörlich im Sinn, und ich kann nichts anderes dichten und denken. So ist mir noch nie zumute gewesen: es ist, als hätt ich vorhin geträumt, oder ich wäre in eine andere Welt hinübergeschlummert; denn in der Welt, in der ich sonst lebte, wer hätte da sich um Blumen bekümmert, und gar von einer so seltsamen Leidenschaft für eine Blume hab' ich damals nie gehört. Wo eigentlich nur der Fremde herkam? Keiner von uns hat je einen ähnlichen Menschen gesehn; doch weiß ich nicht, warum nur ich von seinen Reden so ergriffen worden bin; die andern haben ja das Nämliche gehört, und keinem ist so etwas begegnet. Dass ich auch nicht einmal von meinem wunderlichen Zustande reden kann! Es ist mir oft so entzückend wohl, und nur dann, wenn ich die Blume nicht recht gegenwärtig habe, befällt mich so ein tiefes, inniges Treiben: das kann und wird keiner verstehn. Ich glaubte, ich wäre wahnsinnig, wenn ich nicht so klar und hell sähe und dächte, mir ist seitdem alles viel bekannter. Ich hörte einst von alten Zeiten reden; wie da die Tiere und Bäume und Felsen mit den Menschen gesprochen hätten. Mir ist gerade so, als wollten sie allaugenblicklich anfangen, und als könnte ich es ihnen ansehen, was sie mir sagen wollten. Es muss noch viel Worte geben, die ich nicht weiß: wusste ich mehr, so könnte ich viel besser alles begreifen. Sonst tanzte ich gern; jetzt denke ich lieber nach der Musik. Der Jüngling verlor sich allmählich in süßen Fantasien und entschlummerte. [...]

Er fand sich auf einem weichen Rasen am Rande einer Quelle, die in die Luft hinausquoll und sich darin zu verzehren schien. Dunkelblaue Felsen mit bunten Adern erhoben sich in einiger Entfernung; das Tageslicht, das ihn umgab, war heller und milder als das gewöhnliche, der Himmel war schwarzblau und völlig rein. Was ihn aber mit voller Macht anzog, war eine hohe lichtblaue Blume, die zunächst an der Quelle stand, und ihn mit ihren breiten, glänzenden Blättern berührte. Rund um sie her standen unzählige Blumen von allen Farben, und der köstliche Geruch erfüllte die Luft. Er sah nichts als die blaue Blume, und betrachtete sie lange mit unnennbarer Zärtlichkeit. Endlich wollte er sich ihr nähern, als sie auf einmal sich zu bewegen und zu verändern anfing; die Blätter wurden glänzender und schmiegten sich an den wachsenden Stengel, die Blume neigte sich nach ihm zu, und die Blütenblätter zeigten einen blauen ausgebreiteten Kragen, in welchem ein zartes Gesicht schwebte. Sein süßes Staunen wuchs mit der sonderbaren Verwandlung, als ihn plötzlich die Stimme seiner Mutter weckte, und er sich in der elterlichen Stube fand, die schon die Morgensonne vergoldete.

Aus: Novalis: Heinrich von Ofterdingen. Berlin 1802, hg. von Joseph Kiermeier-Debre, München: dtv 2004, S. 11–14

Die Bedeutung des Traumes für die Romantiker

Der Traum gilt in der Romantik als das Medium zu höherer Erkenntnis. Mit der Traumtheorie hat sich ausführlich Gotthilf Heinrich Schubert (1780–1860) in seinem Werk „Die Symbolik des Traumes" (1814) beschäftigt. Es ist anzunehmen, dass eine solche Wirkung von seinen Untersuchungen ausging, dass sie später sogar S. Freud und C. G. Jung in ihren Untersuchungen der Psyche des Menschen beeinflusst haben.

Gotthilf Heinrich Schubert: Die Symbolik des Traumes (1814)

[...]
Im Traume, und schon in jenem Zustande des Deliriums[1], der meist vor dem Einschlafen vorhergeht, scheint die Seele eine ganz andre Sprache zu sprechen als gewöhnlich. Gewisse Naturgegenstände oder Eigenschaften der Dinge bedeuten jetzt auf einmal Personen, und umgekehrt stellen sich uns gewisse Eigenschaften oder Handlungen unter dem Bilde von Personen dar. Solange die Seele diese Sprache redet, folgen ihre Ideen einem andern Gesetz der Assoziation als gewöhnlich, und es ist nicht zu leugnen, dass jene neue Ideenverbindung einen viel rapideren, geisterhafteren und kürzeren Gang oder Flug nimmt als die des wachen Zustandes, wo wir mehr mit unsern Worten denken. Wir drücken in jener Sprache durch einige wenige hieroglyphische, seltsam aneinandergefügte Bilder, die wir uns entweder schnell nacheinander oder auch nebeneinander und auf einmal vorstellen, in wenig Momenten mehr aus, als wir mit Worten in ganzen Stunden auseinanderzusetzen vermöchten; erfahren in dem Traume eines kurzen Schlummers öfters mehr, als im Gange der gewöhnlichen Sprache in ganzen Tagen geschehen könnte, und das ohne eigentliche Lücken, in einem in sich selber regelmäßigen Zusammenhange, der nur freilich ein ganz eigentümlicher, ungewöhnlicher ist.

---

[1] das Delirium (lat.: Wahnsinn): eine seelische Störung mit Sinnestäuschung

Ohne dass wir deshalb gerade dem Traume vor dem Wachen, dem Närrischsein vor der Besonnenheit einen Vorzug geben wollen, dürfen wir uns doch nicht leugnen: dass jene Abbreviaturen- und Hieroglyphensprache der Natur des Geistes in vieler Hinsicht angemessener erscheine als unsre gewöhnliche Wortsprache. Jene ist unendlich viel ausdrucksvoller umfassender, der Ausgedehntheit in die Zeit viel minder unterworfen als diese. Die Letztere müssen wir erst erlernen, dagegen ist uns jene angeboren, und die Seele versucht diese ihr eigentümliche Sprache zu reden, sobald sie im Schlafe oder Delirio aus der gewöhnlichen Verkettung etwas los und frei geworden. [...]

Aus: G.H. Schubert: Die Symbolik des Traumes. Heidelberg: Laubert/Schneider 1968

Das Unbewusste – Bezüge zu Sigmund Freud

In der Epoche der Romantik widmet man sich vor allem der Innerlichkeit des Menschen. Es geht um die sogenannten „Nachtseiten" (Traum, Auswirkungen des Unbewussten auf den Menschen, Wahnsinn), die man zuvor nur schwer erklären konnte. Das Individuum, und nicht die Gruppe Mensch, steht nun fortan als Subjekt im Mittelpunkt des Interesses, sodass sich ein Vergleich mit den Ergebnissen des österreichischen Arztes und Psychologen Sigmund Freud (1856 – 1939), auch wenn sie erst später veröffentlicht wurden, lohnt.

Ich – Es – Über-Ich: Der seelische Apparat nach Freud

Das Ich ist der Kern der Persönlichkeit, die bewusste Instanz, die Erlebnisse und Handlungen einer Person steuert. In der Psychoanalyse wird das Ich als diejenige Organisationsinstanz des psychischen Apparates neben dem Es und dem Über-Ich angesehen, die zwischen den Erfordernissen der Realität (Umwelt), den Triebwünschen des Es und den moralischen Forderungen des Über-Ichs (Gewissen) vermittelt. [...]

Das Es umfasst die Gesamtheit des Unbewussten. Neben den triebhaften Bedürfnissen und Impulsen findet sich im Es auch das Abgewehrte und Verdrängte. Das Es kann man sich als einen „brodelnden Kessel" vorstellen, in dem sich alle Wünsche und Bedürfnisse gleichzeitig rühren; es kennt keine Ordnung und keine Zeit, sondern nur das Lustprinzip. Die Triebenergie des Es ist der Motor menschlichen Fühlens und Handelns: Die Libido (ein Teil des Lebenstriebes) bildet die Grundlage für Interesse, Freundschaft und Liebe, der Aggressionstrieb die Basis für Kampf und Zerstörung, aber auch für alles, was Initiative und Zupacken erfordert, wie zum Beispiel die Arbeit. Freud sah es als Aufgabe des Ichs an, das Es zu zügeln; das kommt in der berühmten Formulierung zum Ausdruck „Wo Es war, soll Ich werden".

Nach: Brockhaus Psychologie, Leipzig/Mannheim 2001, S. 258, 149

Sigmund Freud: Die Macht des Es

Die Macht des Es drückt die eigentliche Lebensabsicht des Einzelwesens aus. Sie besteht darin, seine mitgebrachten Bedürfnisse zu befriedigen. Eine Absicht, sich am Leben zu erhalten und sich durch die Angst vor Gefahren zu schützen, kann dem Es nicht zugeschrieben werden. Dies ist die Aufgabe des Ichs, das auch die günstigste und gefahrloseste Art der Befriedigung mit Rücksicht auf die Außenwelt herauszufinden hat. Das Über-Ich mag neue Bedürfnisse geltend machen, seine Hauptleistung bleibt aber die Einschränkung der Befriedigungen.
Die Kräfte, die wir hinter den Bedürfnisspannungen des Es annehmen, heißen wir *Triebe*. Wir haben uns entschlossen, nur zwei Grundtriebe anzunehmen, den *Eros* und den *Destruktionstrieb*. [...] Das Ziel des ersten ist, immer größere Einheiten herzustellen und so zu erhalten, also Bindung, das Ziel des anderen im Gegenteil, Zusammenhänge aufzulösen und so die Dinge zu zerstören. Beim Destruktionstrieb können wir daran denken, dass als sein letztes Ziel erscheint, das Lebende in den anorganischen Zustand zu überführen. Wir heißen ihn darum auch *Todestrieb*. Wenn wir annehmen, dass das Leben später als das Leblose gekommen und aus ihm entstanden ist, so fügt sich der Todestrieb der erwähnten Formel, dass ein Trieb die Rückkehr zu einem

früheren Zustand anstrebt. In den biologischen Funktionen wirken die beiden Grundtriebe gegeneinander oder kombinieren sich miteinander. So ist der Akt des Essens eine Zerstörung des Objekts mit dem Endziel der Einverleibung, der Sexualakt eine Aggression mit der Absicht der innigsten Vereinigung.

Dieses Mit- und Gegeneinanderwirken der beiden Grundtriebe ergibt die ganze Buntheit der Lebenserscheinungen. Über den Bereich des Lebenden hinaus führt die Analogie unserer beiden Grundtriebe zu dem im Anorganischen herrschenden Gegensatzpaar von Anziehung und Abstoßung. Es kann keine Rede davon sein, den einen oder anderen der Grundtriebe auf eine der seelischen Provinzen einzuschränken. Sie müssen überall anzutreffen sein. Einen Anfangszustand stellen wir uns in der Art vor, dass die gesamte verfügbare Energie des Eros, die wir von nun ab *Libido* heißen werden, im noch undifferenzierten Ich-Es vorhanden ist und dazu dient, die gleichzeitig vorhandenen Destruktionsneigungen zu neutralisieren. (Für die Energie des Destruktionstriebes fehlt uns ein der Libido analoger Terminus.) Späterhin wird es uns verhältnismäßig leicht, die Schicksale der Libido zu verfolgen, beim Destruktionstrieb ist es schwerer. Es ist unverkennbar, dass die Libido somatische[1] Quellen hat, dass sie von verschiedenen Organen und Körperstellen her dem Ich zuströmt. Man sieht das am deutlichsten an jenem Anteil der Libido, der nach seinem Triebziel als Sexualerregung bezeichnet wird. Die hervorragendsten der Körperstellen, von denen diese Libido ausgeht, zeichnet man durch den Namen *erogene Zonen* aus, aber eigentlich ist der ganze Körper eine solche erogene Zone. Das Beste, was wir vom Eros, also von seinem Exponenten, der Libido, wissen, ist durch das Studium der Sexualfunktion gewonnen worden, die sich ja in der landläufigen Auffassung, wenn auch nicht in unserer Theorie, mit dem Eros deckt.

In: Sigmund Freund: Abriss der Psychoanalyse. Frankfurt/M.: S. Fischer 1972, S. 12f.

---

[1] somatisch (gr.): körperlich

6. Informationen zur Textsorte

In seinem Brief vom 2. Dezember 1817 an Friedrich de la Motte-Fouqué schwankt Eichendorff in seinen Ausführungen, ob es sich nun um „eine Novelle oder Märchen" handelt. Aus diesem Grund erscheint es notwendig, die Merkmale beider Textsorten näher zu kennzeichnen, um Klarheit zu gewinnen.

Novelle

Lexikonauszug

Novelle. Das lateinische Wort novella bedeutet „Neuerung in einem Gesetz". Daraus leitet sich italienisch „novella" ab, das eine Erzählung als Neuheit bezeichnet. In der Tat wird in einer Novelle eine, nach Goethe, „sich ereignete, unerhörte Begebenheit" dargestellt. Meist geht es darum, wie das Schicksal eines Menschen in einer schwierigen Lage, in einer inneren oder äußeren Krise eine Änderung erfährt und plötzlich eine neue Wende nimmt.

Oft bezieht sich dabei die Handlung auf einen Gegenstand, an dem sich der Einfluss des Schicksals besonders deutlich zeigt und spiegelt. Diesen Gegenstand nennt man auch den „Falken" einer Novelle, weil in einer Novelle des Boccaccio die Liebesgeschichte eines Mannes durch einen Falken eine glückliche Wendung nimmt. In der bekannten *Judenbuche* von Annette von Droste-Hülshoff spielt die Rolle des „Falken", also des Gegenstandes, in dem sich das Schicksal sozusagen „verdichtet", die im Titel genannte Buche.

Die Form der Novelle soll knapp und straff sein und auf den Höhepunkt der Erzählung, den Wendepunkt, hinzielen. Insofern ist sie mit der Anekdote verwandt, hat aber auch Ähnlichkeit mit dem Drama, das ja ebenfalls straff zum Höhepunkt der Handlung hinstrebt und kurz ausklingt. Es ist deshalb kein Zufall, dass William Shakespeare (England) manchmal Novellen als Grundlage für seine Dramen verwendet hat. Novellen sind seit der Antike bekannt, aber erst mit der Renaissance wurden sie zu einem festen literarischen

Begriff. Den ersten Höhepunkt erlebte die Novelle in der Sammlung von Erzählungen, die der italienische Dichter Giovanni Boccaccio zwischen 1348 und 1353 unter dem Titel *Decamerone* herausgab (Italien). Hier erzählt sich eine Gruppe von Menschen, die vor der Pest aus Florenz geflohen ist, an zehn Tagen reihum interessante Geschichten, um sich die Zeit zu vertreiben. Die Unterhaltungen der Leute bilden dabei den „Rahmen", in den die Novellen eingebettet sind.

In der Romantik wurden die Novellen Boccaccios wegen ihrer Behandlung des „Unerhörten" und ihrer stofflichen Vielseitigkeit wieder entdeckt. Als Erster nahm Goethe in den *Unterhaltungen deutscher Ausgewanderten* (1795) das Thema (Flucht) und den Aufbau (Geschichten in einer Rahmenhandlung) des *Decamerone* auf. Zwar gebrauchte er darin den Begriff „Novelle" noch nicht, schuf aber doch typische Novellen „sittlich-beispielhafter" Art. Später schrieb er (1827) ein Musterstück dieser Gattung in seiner *Novelle*, in der die Zähmung eines wilden Tieres durch „frommen Sinn und Melodie" geschildert wird.

Schicksals- und Entscheidungsnovellen schrieb Heinrich von Kleist, so in der *Verlobung von San Domingo* und im *Michael Kohlhaas*. Bekannt sind auch die oft das Wunderbare und Unheimliche streifenden Novellen von E.T.A. Hoffmann, z.B. *Das Fräulein von Scuderi, Das Majorat, Die Bergwerke von Falun* oder die zu einer der Vorlagen zu Richard Wagners *Meistersinger* gewordene Novelle *Meister Martin der Küfner*.

Weitere wichtige Novellendichter sind: Jeremias Gotthelf *(Die schwarze Spinne),* Eduard Mörike *(Mozart auf der Reise nach Prag),* C. F. Meyer *(Der Heilige, Plautus im Nonnenkloster, Der Schuss von der Kanzel).* Ebenso bedeutend als Novellendichter ist Gottfried Keller, von dem so bekannte Novellen wie *Romeo und Julia auf dem Dorfe* oder *Das Fähnlein der sieben Aufrechten* oder *Kleider machen Leute* stammen.

In unserem Jahrhundert tritt die Novelle etwas zurück, doch finden sich auch hier hervorragende Beispiele wie *Der Tod in Venedig* und *Maria und der Zauberer* von Thomas Mann oder *Bahnwärter Thiel* von Gerhart Hauptmann. Auch

Werner Bergengruen, Stefan Andres und Gertrud von Le Fort sind als bedeutende Novellendichter hervorgetreten.

Aus: dtv junior Literatur-Lexikon. Herausgegeben von Heinrich Pleticha. Berlin und München: Cornelsen Verlag und Deutscher Taschenbuch Verlag ⁹1996, S. 63–64

Hermann Villiger: Zur Geschichte und zu Gattungsmerkmalen der Novelle

„[...] [W]as ist eine Novelle anders als eine sich ereignete unerhörte Begebenheit", sagt Goethe in einem Gespräch mit Eckermann[1] und benennt damit ein wesentliches Merkmal, das die Novelle von der Erzählung und anderen literarischen Gattungen abgrenzt. Der folgende Text von Hermann Villiger beleuchtet weitere die Novelle auszeichnende Merkmale und gibt einen kurzen historischen Abriss über Ursprung und Entwicklung.

Die Eigentümlichkeiten der Novelle lassen sich am klarsten im Vergleich zu denen des Romans herausarbeiten. Sie vermittelt uns weder ein umfassendes Bild einer ganzen Epoche, noch begleitet sie das Leben einzelner Personen durch Jahrzehnte, sondern sie greift aus dem Leben eines Menschen jenen Abschnitt heraus, der für ihn eine Schicksalswende bedeutet. Die Novelle erzählt somit immer etwas Ungewöhnliches, Außerordentliches, etwas Seltsames oder Wunderbares, eben eine „interessante Neuigkeit", wie das italienische Wort „novella" besagt. – Dadurch, dass die Novelle im Vornherein auf diesen Höhepunkt, die Schicksalswende, hin angelegt ist, nimmt sie dramatische Züge an. Doch enthält sie, im Unterschied zum Drama selbst, oft nicht einen, sondern zwei oder drei solcher unerwarteter Wendungen.
– Da in der Novelle, wie aus dem Gesagten hervorgeht, das Schwergewicht durchaus auf der Handlung liegt, treten ihr gegenüber die Personen als solche, die Charaktere, deutlich

---

[1] Johann Wolfgang von Goethe: Gespräch mit Eckermann vom 29. Januar 1827. Zitiert nach: Herbert Krämer (Hrsg.): Theorie der Novelle. Stuttgart: Reclam 1992, S. 29

zurück. Die Helden von Novellen fesseln uns nicht durch das, was sie sind, sondern durch das, was ihnen widerfährt, durch ihr außerordentliches Schicksal, was jedoch nicht ausschließt, dass der Dichter uns Einblick in die innere Auseinandersetzung seiner Figuren mit ihrem Schicksal gewährt.
– Die Novelle erzählt in der knappen Form des „Berichtes" und verzichtet auf längere Beschreibungen, Reflexionen der auftretenden Personen oder des Autors selbst und auf Szenen, das heißt auf längere, in direkter Rede wiedergegebene Gespräche.
– Sie schweift nie in Nebenhandlungen ab und erzählt die Begebenheit in einem ununterbrochenen Zuge.
Im Unterschied zum Roman lässt sich die Novelle weit ins Altertum zurückverfolgen. Zu den frühesten Glanzstücken dieser Dichtungsart gehören die Novellen, die der griechische Geschichtsschreiber *Herodot* im 5. Jahrhundert vor Christus in seine Weltgeschichte eingestreut hat („Der Ring des Polykrates"). Die beiden klassischen Vorbilder der neueren Novellistik sind *Boccaccios* „Dekameron" (14. Jahrhundert) und die „Novelas ejemplares" von *Cervantes* (17. Jahrhundert). In der deutschen Literatur setzt die dichterisch hochstehende Novellistik erst mit *Goethe* („Novelle") und *Heinrich von Kleist* ein.
Die antike und die romanische Novelle sind in der Regel strenger gebaut als die aus dem germanischen Sprachbereich, sodass jene ohne deutliche Grenze in die Kurzgeschichte übergehen, während sich diese bald durch breitere Schilderung der Außenwelt (*Stifter* und *Keller*), bald durch ihr Eingehen auf das Innenleben ihrer Figuren (*Otto Ludwig*, „Zwischen Himmel und Erde") häufig zur Erzählung erweitert.
Legt der Dichter seine Geschichte, statt sie selber vorzutragen, einem Erzähler in den Mund, den er uns in den einleitenden Abschnitten vorstellt, so sprechen wir von einer „Rahmennovelle". In der deutschen Dichtung haben *Storm* und *C. F. Meyer* dieser Erzählform besonders feine und mannigfaltige Wirkungen abgewonnen. Manchmal fasst der Dichter mit einem solchen Rahmen, der selbst wiederum aus einer Novelle bestehen kann, mehrere Geschichten zu einem „Novellenzyklus" zusammen. Schon *Boccaccio* gab seinem Werk, das zehn mal zehn Novellen enthält, diese

Form, und *Gottfried Keller* schuf in seinem „Sinngedicht" das Musterbeispiel eines solchen Zyklus.

Aus: Heinrich Villiger: Kleine Poetik. Eine Einführung in die Formenwelt der Dichtung. Frauenfeld: Huber 1967, S. 117

Märchen

Volksmärchen. Eine kleine, einfache Erzählung meist wunderbaren Inhalts. Da dem Märchen das Wunderbare selbstverständlich ist, braucht es den Abstand von der zeiträumlichen Gegenwart seiner Erzähler und Zuhörer. Es spielt im ungefähren Einst, im vagen Weitweg. Es datiert losgelöst von geschichtlich Bestehendem und Gewesenem [...]. Die Märchen folgen einem bestimmten Handlungsschema, das lediglich jeweils mit unterschiedlichen Motiven konkretisiert und bisweilen durch Vervielfältigung seiner Grundelemente erweitert wird. Knapp gefasst: Jemand löst Aufgaben, die ihm gestellt sind und erhält dafür einen Gewinn, der ihn ein für alle Mal glücklich macht. [...] Solche Aufgaben sind: kostbare Gegenstände zu finden, Rätsel zu lösen, verwandelte Menschen zu erlösen. Dementsprechend wird auch mit hohem Einsatz gespielt, oft mit dem Leben. Die Aufgabe steht somit dem Preis als Hindernis im Weg. Hier kommen die übernatürlichen Mächte zum Zug, die guten, die dem Helden helfen, die bösen, die seine Anstrengungen zu hintertreiben suchen. [...] Der Handlungsaufbau ist einfach, einsträngig, gradlinig. [...] Die Erzählperspektive wechselt fast nie, sie bleibt von Anfang bis Ende beim Helden bzw. bei der Heldin.

Aus: Volker Klotz: Das europäische Kunstmärchen. Stuttgart 1983, S. 10ff. Text stark gekürzt

Kunstmärchen
Kunstmärchen [...] sind literarische, geschichtlich und individuell geprägte Abwandlungen der außerliterarischen, geschichtlich unbestimmten, anonymen Gattung Volksmärchen durch namhafte Autoren. Diese Autoren rufen also bei ihrer Leserschaft sowohl das vertraute Muster jener markanten

Erzählform ab wie auch die eher diffusen Vorstellungen, die man ihr, im Lauf der Zeit, abgewonnen hat.

(V. Klotz, a.a.O., S. 2)

„Das zentrale Thema vieler romantischer Kunstmärchen ist der Versuch, nichtentfremdete Weltverhältnisse – Märchen ist dafür die Chiffre – mit einer durch die Reflexion hindurch wiedererlangten Unschuld zu imaginieren und die Entzweiung der Welt als wenigstens partiell aufhebbar vorzustellen, ohne zu vergessen, dass diese Vorstellung Literatur ist." (Jens Tismar: Kunstmärchen. Stuttgart 1983, S. 36) E.T.A. Hoffmann wollte Märchen nicht ins fremde Morgenland verlegen, sondern in der eigenen Welt ansiedeln: „Ich meine, dass die Basis der Himmelsleiter, auf der man hinaufsteigen will in höhere Regionen, befestigt sein müsse im Leben, sodass jeder nachzusteigen vermag."
Wichtige Autoren: Charles Perrault (1628–1703); Christoph Martin Wieland (1733–1813); Johann Karl August Musäus (1735–1787); Johann Wolfgang von Goethe: *Das Märchen* (1795); Ludwig Tieck: *Der blonde Eckbert* (1797); Novalis: *Märchen von Hyazinth und Rosenblüte* (ersch. 1802); Friedrich da la Motte-Fouqué: *Undine* (1811), Adalbert von Chamisso: *Peter Schlemihls wundersame Geschichte* (1814); Clemens Brentano: *Gockel, Hinkel und Gackeleia* (1811); Wilhelm Hauff (1802–1827); Hans Christian Andersen (1805–1875); Oscar Wilde (1854–1900)

Aus: Mettenleiter/Knöbel (Hg.): Blickfeld Deutsch Oberstufe, Paderborn: Schöningh ³2003, S. 262

7. Zur Rezeption des „Marmorbildes"

Die unmittelbaren Reaktionen auf Eichendorffs Erzählung sind meist abwertend. Das lässt sich nicht zuletzt dadurch erklären, dass viele Kritiker gegenüber dem gewählten Thema, dem Erwachsenwerden, sehr viele Vorbehalte hatten. Aber auch hier deuten Kommentare darauf hin, dass man Eichendorff ein großes schriftstellerisches Talent zugestehen muss und auch die Gegenüberstellung Antike und christlich geprägtes Mittelalter gut gewählt ist. Später änderte sich die Bewertung, indem auch entwicklungspsychologische Fragen im Hinblick auf die Erscheinung Florios oder die Umsetzung stärker berücksichtigt und nicht kategorisch verurteilt wurden. Meist hängt die Beurteilung der Erzählung „Das Marmorbild" auch mit der Beurteilung der Epoche der Romantik zusammen.

Kommentar zum Erstdruck im „Frauentaschenbuch für das Jahr 1819" (erschienen im Herbst 1818)

Dem Marmorbilde von Jos. Freiherrn von Eichendorff konnten wir wenig Geschmack abgewinnen. Uns erscheint hier eine blühende Fantasie, die leicht etwas Befriedigendes hätte schaffen können, an einen undankbaren Stoff verschwendet. Man fühlt sich nur zerstreut und betäubt nach dem Lesen; weil der Gedanke den Schmuck nicht zusammenhält und beseelt.

„Zeitung für die elegante Welt", Leipzig, Oktober 1818

Kommentar zur Buchausgabe von „Taugenichts" und „Marmorbild" (Berlin 1826)

Unbedeutender [als der „Taugenichts"], aber anziehend ist die zweite Novelle „Das Marmorbild". Wie das antike Götterleben fortspukt in den unsterblichen Resten durch die Kunst, dies ist ein reichhaltiges tief begründetes Thema; hier ist die Auffassung indessen nicht tief genug für das Thema einer flüchtigen Erscheinung, – ein Gespensterspuk, ohne viel andere als äußerliche Bedeutung. Doch ist auch hierin das Talent des Dichters nicht zu verkennen.

Willibald Alexis, in: „Blätter für literarische Unterhaltung", Leipzig, 29. Juli 1826

Hermann Markgraf, „Deutschland's jüngste Literatur- und Culturepoche" (Leipzig 1839)

Es gehört eine ungemein große gelehrte Bildung dazu, ihre Vorzüge zu verstehen, und ein äußerst feines poetisches Taktgefühl, ihre Schönheiten herauszufühlen. Sie war reich an Verwirrung und Missformen, aber reicher noch an wirk-
5 lich poetischen Genies. [...] Die Romantiker sind durchweg liebenswürdige Menschen, meist Engel an Gemüt [...]. Aber diese poetischen Lämmer Gottes waren nicht für diese Welt, und unsere praktische Zeit, mit aller schuldigen Ehrfurcht vor ihren poetischen Offenbarungen, weiß nicht mehr
10 recht was mit ihnen anzufangen.

Werner Bergengruen (1955)

Eichendorffs Welt ist stilisiert. Es hat sie nirgends und nie gegeben, aber es gibt sie überall und zu jeder Zeit. Sie hat die Unwirklichkeit und die Wirklichkeit dessen, was sich innerhalb der menschlichen Seele begibt und von dort aus
5 das Leben verwandelt. Überall rauscht in Eichendorffs Werk der Wald der deutschen Mittelgebirgslandschaft, auch in Spanien, Italien oder in der Provence, ja, selbst im Orient und in den Tropen. Hohe Buchenhallen empfangen Florio, den Helden des „Marmorbildes", vor den Toren von Lucca
10 [...]. So suggestiv verzaubernd seine Landschaftsschilderungen sind, wo die Ströme silbern im Grunde blitzen und der Glockenklang aus den Tälern zu Berge steigt, so wenig hat die einzelne Landschaft eine Individualität. [...] Bei allem natürlichen Vertrauen zur Welt hatte er ein empfindliches
15 Organ für das Unbegreifliche, Fremde, das in die Ferne und zugleich in die dunkle Tiefe lockt, eine Tiefe, die ja nicht nur Abgrund, sondern auch Ursprungsnähe ist. Tod und Leben

scheinen ihre Paniere vertauschen zu können, und hier gründet all die tragische Verwirrung der Welt.

Joseph von Eichendorff: Erzählungen, hg. von Werner Bergengruen, Zürich: Manesse 1955, S. 659f.

Wolfgang Nehring (1977)

Die eigentliche Tätigkeit des Lesers besteht wohl nicht im unbewussten Herstellen literarischer Beziehungen, sondern darin, dass er die unbestimmte Beschreibung aus Eigenem ergänzt. Er wird in einer Art Analogieverfahren die Darstellung des Textes auf ihm vertraute Landschaftsvorstellungen beziehen. Dabei lässt die geringe Anzahl und der typische Charakter der Eichendorff'schen Elemente seiner Fantasie fast uneingeschränkte Freiheit. [...] Keineswegs darf man aus der Fantasiefreiheit, die Eichendorff dem Leser zugesteht, folgern, dass er ihm auch die Sinngebung der Welt überlässt. Es besteht ein eigentümliches Spannungsverhältnis zwischen Freiheit und Dirigismus. Der Leser mag sich die Eichendorff'sche Welt beliebig ausmalen und ausschmücken, – die Deutung der Geschehnisse wird ihm vorgegeben; denn der Sinn der Welt liegt nicht beim Menschen. Die geheime Mitte aller Poesie ebenso wie der Bezugsort aller Menschlichkeit und der Ursprung der Moral ist für Eichendorff die Religion.

Wolfgang Nehring: Eichendorff und der Leser, in: Aurora 37 (1977), S. 56–59

Horst Wiebesiek (1986)

Es gelingt Eichendorff eindrucksvoll, den Leser in diese für das ganze Leben so bedeutsame Jugendproblematik miterlebend hineinzuziehen. Denn die vom Dichter herangezogenen und für die Art seiner Erzählweise abgewandelten Mythen symbolisieren bestimmte Grundkräfte und Entwicklungsgefahren im Leben eines Jugendlichen. [...] Für den Zweck seiner Dichtung hat Eichendorff die Mythen *(gemeint sind hier die Quellen, auf die Eichendorff zurückgegriffen hat)*, sehr oft nur ihren Aussagekern beibehaltend, stark ineinander verwoben, sodass mit dem „Marmorbild" sozusagen ein neuer Mythos entstanden ist, der die oben dargelegte Pubertätsproblematik verdichtet.

Schein und Sein in Eichendorffs Erzählung „Das Marmorbild": Interpretationsansätze für die Sekundarstufe II., in: Friedrich Kienecker [u.a.] (Hg.): Dichtung, Wissenschaft, Unterricht: Rüdiger Frommholz zum 60. Geburtstag, Paderborn/München [u.a.]: Schöningh 1986, S. 499

Ludwig Stockinger (1997)

Eichendorffs Novelle erzählt einen entscheidenden Moment in der Konstitution der sexuellen und sozialen Identität eines jungen Mannes aus der Perspektive einer bestimmten moralischen Norm. Die Natur der Sinne – hier die sexuelle Begierde – soll so in die Ich-Identität integriert werden, dass die Freiheit und damit die Fähigkeit zur Intersubjektivität gewahrt bleiben, d.h. die Anerkennung des sexuell begehrten Anderen als einer freien Person, der man sich in Liebe zuwendet. [...] Die Dame ist leicht als Überlagerung von Bildern zweier antiker Göttinnen zu erkennen, als Diana und Venus, und die Farbgleichheit von Jägerin und Schlange (grün und gold) sichert den Zusammenhang von antiker Göttin und der Schlange des Paradieses in der christlichen Bildtradition. Beide sind Zeichen für den Verlust der Freiheit durch die Sexualität als einer reinen Naturkraft. [...] Die Erwartung, dass das an der antiken Form ausgerichtete Kunstschöne moralisierende, das Subjekt befreiende Wirkung haben könnte, wird als gefährliche Illusion kritisiert.

Ludwig Stockinger: Poetische Religion – religiöse Poesie: Friedrich von Hardenberg (Novalis) und Joseph von Eichendorff, in: Wolfgang Braungart [u.a.] (Hg.): Ästhetische und religiöse Erfahrungen der Jahrhundertwenden, Bd. 1: Um 1800, Paderborn/München [u.a.]: Schöningh 1997, S. 170–173

8. Einen Text beschreiben und deuten (analysieren)

Vorarbeiten

Markieren Sie alle Auffälligkeiten, z.B. sprachliche Besonderheiten, mögliche Untersuchungsgesichtspunkte, Deutungsansätze, Bezüge zu parallelen Texten. Markieren Sie nach Möglichkeit mit unterschiedlichen Farben oder unterschiedlichen Unterstreichungen (durchgezogene Linie, Wellenlinie, gestrichelte Linie …).
Schreiben Sie nicht gleich los, sondern legen Sie die Struktur Ihrer Arbeit zunächst in Stichworten fest.

Auswahl einer geeigneten Analysemethode

Texte können auf unterschiedliche Weise analysiert werden. Im Wesentlichen geht es dabei um zwei Methoden:

a) Die Linearanalyse

Der Text wird von oben nach unten bzw. vom Beginn bis zum Ende bearbeitet. Dabei geht man nicht Satz für Satz vor, sondern kennzeichnet zunächst den Aufbau des Textes und bearbeitet (analysiert) die einzelnen Abschnitte nacheinander. Der Vorteil dieser Methode besteht darin, dass ein Text sehr detailliert und genau bearbeitet wird. Vor allem bei kürzeren Texten ist diese Analysemethode zu empfehlen. Man kann sich jedoch auch im Detail verlieren und die eigentlichen Deutungsschwerpunkte zu sehr in den Hintergrund drängen. Der Zusammenhang gerät leicht aus dem Auge, wenn man zu kleinschrittig vorgeht.

b) Die aspektgeleitete Analyse

Der Schreiber oder die Schreiberin legt vorab bestimmte Untersuchungsaspekte fest und arbeitet diese nacheinander am Text ab. Der Vorteil dieser Methode besteht darin, dass der eigene Text einen klaren Aufbau erhält und der Leser/die Leserin von Beginn an auf die wesentlichen Untersuchungsaspekte hingewiesen werden kann.

Ein Nachteil kann darin bestehen, dass einige Deutungsaspekte, die als nicht so gewichtig angesehen werden, unter den Tisch fallen. Prinzipiell sollten Sie bei längeren Texten oder Textauszügen die aspektgeleitete Analyse der Linearanalyse vorziehen, da sie mehr Orientierung im Dickicht der einzelnen Details bietet. Dazu bedarf es aber auch erhöhter Konzentration und Fähigkeit zur Fokussierung oder Verdichtung auf den Kern des Problems, den Sie vorab identifizieren müssen. Der Arbeit vor dem eigentlichen Schreiben kommt hier eine besondere Bedeutung zu.

Der Aufbau einer Linearanalyse

1. Einleitung: Autor, Textart, Titel, Erscheinungsjahr; evtl. über den historischen Hintergrund informieren; Ort, Zeit und Personen des zu behandelnden Textes angeben; kurze Inhaltsübersicht darbieten

2. Zusammenfassende Aussagen zum inhaltlichen Aufbau, zu den Textabschnitten (kann auch in den folgenden Teil einfließen)

3. Genaue Beschreibung und Deutung der Textabschnitte
   - Aussage zum Inhalt des jeweiligen Abschnitts
   - Aussagen zur Deutung
   - Aussagen zur sprachlichen Gestaltung als Beleg für die Deutungen
   - Überleitung zum nächsten Textabschnitt

4. Evtl. Erläuterungen zur Textart (kann auch zuvor einfließen)

5. Schlussteil: Zusammenfassung der Analyseergebnisse, Einordnung der Analyseergebnisse in einen größeren Zusammenhang und in den zeitgeschichtlichen Hintergrund (falls nicht im Rahmen der Linearanalyse erfolgt), persönliche Wertungen ...

Der Aufbau einer aspektgeleiteten Analyse

Die zuvor aufgelisteten Punkte 1, 4 und 5 gelten auch für diese Analysemethode. Es ändern sich jedoch die Punkte 2 und 3:

2. Kennzeichnung der Aspekte im Überblick, die im Folgenden detailliert am Text untersucht werden sollen

3. Analyse des Textes entsprechend den zuvor genannten Schwerpunkten
   - Nennen des Untersuchungsaspektes
   - Kennzeichnung des inhaltlichen Zusammenhangs, in dem er relevant ist
   - Aussagen zur Deutung
   - Aussagen zur sprachlichen Gestaltung als Beleg für die Deutungen

Auch das sind wichtige Tipps für eine Textanalyse

- Achten Sie in Texten mit hohen Gesprächsanteilen darauf, wie die Dialogpartner miteinander sprechen, welche Gesten sie vollführen und welche Beziehung sie zueinander verdeutlichen. Berücksichtigen Sie dabei auch Ihnen bekannte Kommunikationsmodelle.
- Belegen Sie Ihre Deutungsaussagen mit dem Wortmaterial des Textes. Verweisen Sie entweder auf sprachliche Besonderheiten oder arbeiten Sie mit Zitaten.
- Verwenden Sie für die Beschreibung des Wortmaterials die entsprechenden Fachausdrücke (Wortarten, Satzglieder, rhetorische Figuren, ...).
- Bauen Sie Zitate korrekt in Ihren eigenen Satzbau ein oder arbeiten Sie mit Redeeinleitungen. Vergessen Sie nicht, die Fundstelle anzugeben.
- Schreiben Sie im Zusammenhang. Verlieren Sie den „roten Faden" nicht aus den Augen. Folgt ein neuer Gesichtspunkt, formulieren Sie nach Möglichkeit eine Überleitung.
- Machen Sie die gedankliche Gliederung Ihres Textes auch äußerlich durch Absätze deutlich.